中学经典古文课

家国情怀卷

赵新华　郑国民　主编

创于1897 商務印書館 The Commercial Press

2018年·北京

本卷编委会

主编　　赵新华　郑国民

编委　　（按姓氏音序排列）

白丽娟　韩静静　蒋　琴

康　双　李　节　徐从权

薛海燕　张　鹏　张思敏

校订　　张　鹏　徐从权

策划　　李　节

序　言

赵新华　郑国民

我国古代经典作品，语言凝练典雅，内容博大精深，是传承中华优秀传统文化的重要载体，历代相传。我国历来有“文以载道”的传统，阅读经典文言文，除了可以提升语言能力、感受语言的发展演变之外，还可以感受、理解古人的精神世界，了解中国古代社会和文化。因而阅读经典的文言作品，不仅仅是为了提高文言文阅读能力，也是传承中华优秀传统文化的需要。

2014 年 3 月教育部颁发的《完善中华优秀传统文化教育指导纲要》、2017 年 1 月中办和国办印发的《关于实施中华优秀传统文化传承发展工程的意见》，充分重视中华优秀传统文化在国民教育中的育人作用，对国民教育体系中的中华优秀传统文化教育提出了明确而具体的要求，要分学段有序推进并把相关内容融入课程和教材体系。

《义务教育语文课程标准（2011年版）》要求学生诵读优秀诗文240篇段，并列出了古代诗文推荐篇目。在教学过程中，广大师生感到，推荐篇目只是学习文言文的基本要求，要切实提高文言文阅读水平，在语文教学中落实传统文化教育，还需要补充更多文质兼美的经典古文。如何选文？用什么方式汇编？上述《指导纲要》和《意见》的实施，为思考这些问题提供了新的思路，也为文言文教学提供了新的契机。

一、编写主旨

在研制、修订义务教育和高中语文课程标准的过程中，我们一直在思考、探索语文教材编写特别是选文的问题。为了梳理百年来我国语文教科书选文，通过选文变化以分析语文教材的发展特征，2011年我们申请了国家社科基金重点项目《20世纪中国文学教育的历史回顾与现实意义研究》（批准号：11AZD067），整理了几百套清末民国时期的国文教科书，并建立了“语文教科书选文数据库”。

基于这个数据库，不难发现，民国时期的语文教科书选文极其丰富且异彩纷呈，当下中小学语文教科书古代选文基本没有离开这一时期的选文范围。该时期的教材编者多为古文功底深厚的学者和教育家，他们在中国传统文化经典名篇中精挑细选，为中学生“量身订做”，选文主题多元、题材丰富。有别于成人本位的、学术研究领域的经典，这些选文充分考虑青少年学生的古文阅读水平和心理年龄特点，能有效地传递中华优秀传统文化的精华，在培养文言文阅读能力的同时陶冶心灵、启发智德。

基于上述考虑，我们结合中华优秀传统文化教育的核心内容，结合当下文言文教学的需要，从民国教科书中的经典选文中精选适合当今青少年阅读的篇目，组织编写了这套《中学经典古文课》。

二、编写体例

《完善中华优秀传统文化教育指导纲要》中明确指出：“中华优秀传统文化是中华民族语言习惯、文化传统、思想观念、情感认同的集中体现，凝聚着中华民族普遍认同和广泛接受的道德规范、思想品格和价值取向，具有极为丰富的思想内涵。加强对青少年学生的中华优秀传统文化教育，要以弘扬爱国主义精神为核心，以家国情怀教育、社会关爱教育和人格修养教育为重点，着力完善青少年学生的道德品质，培育理想人格，提升政治素养。”

基于中华优秀传统文化教育的核心内容，我们将《中学经典古文课》分为“家国情怀卷”“社会关爱卷”“人格修养卷”三卷。为了从不同角度、不同层面表现分卷主题的丰富内涵，我们将每卷又细分为不同的主旨单元，多为我国优秀传统文化中传承至今的思想观念，如“家国情怀卷”中体现的天下兴亡、匹夫有责的担当意识，精忠报国、振兴中华的爱国情怀；“社会关爱卷”中体现的扶危济困、见义勇为、孝老爱亲的中华传统美德；“人格修养卷”中体现的崇德向善、见贤思齐的精神，礼义廉耻的荣辱观念。

“家国情怀卷”围绕齐家治国、民族自信等主题编排了六个单元，分别是“父慈子孝，兄友弟恭”“至爱亲情，人间佳话”“生死悲歌，千古绝唱”“苟利国家，生死以之”“碧血丹心，光照千秋”“巾帼英风，名传青史”，选文 28 篇。

“社会关爱卷”围绕关心社会、扶弱济困、友爱互助等主题编排了五个单元，分别是“防微杜渐，力矫时弊”“道之以德，齐之以礼”“嘤鸣友声，天涯比邻”“士心豪壮，侠骨留香”“民间机巧，俗世奇人”，选文 28 篇。

“人格修养卷”围绕读书为学、正心笃志、乐山乐水等主题编排六个单元，分别是“为学有道，切问近思”“含英咀华，慎思笃行”“守正为心，疾恶不惧”“正心修身，齐家治国”“知者乐水，情动辞发”“仁者乐山，披文入情”，选文 28 篇。

选文从先秦散文到清末名家散文均有，其中不乏思想史、文学史上的经典，皆能表现单元主旨，文意鲜明，典雅晓畅，题材多样，篇幅适当。

三、 使用建议

本书适用于初、高中学生，可以根据学生的文言文水平灵活选用。每卷设计五到六个单元，每单元 4—6 篇文章，共选文 84 篇。单元有主旨，选文有注释，文后有题解、作者简介、思考与练习、对比阅读等板块。

“注释”以清末民国教科书为底本。这一时期的注释，保留了中国传统注释模式，在训诂字词之后，引用经典中的相关文句，把字词放在具体语境中，便于读者理解字词含义，准确精练，方便自学。我们在编辑校订中，在简明原则的基础上，保留了这一特点，删节了部分冗长的引文，适当增加了部分生僻字注点。“题解”简明扼要，或概括主旨，或介绍背景，或介绍相关知识，或梳理写作特点，内容丰富。“作者简介”介绍作者生平和主要贡献。“思考与练习”一般设计两三个问题，保留并延续了民国教科书重启发、重理解的提问方式，不求标准答案，重在启发思考和提示，关注理解文章主旨和模仿写作活动。“对比阅读”提供了与选文相关的对比参考性文章或者书目，有古代作品，也有现当代和外国作品，便于联系古今中外的同类作品深化理解。

本书可作为语文课内外学生自读读本，也可以作为传统文化校本课程教材。如在课内使用这套书，教师要给学生留出自读、自学、自查工具书的时间；如让学生课下自读，教师也应适当指导。无论哪种使用方式，建议教师都应做好方法指导，为学生答疑解惑，并组织汇报交流等活动，如通过读书会、交流讨论会等形式，给学生提供表达读后感想、交流心得体会的机会。引导学生将古人的智慧为我所用，结合现实生活，感受古人深邃的思想，了解古代的社会文化常识以及作者行文过程中表现出来的修养，提高自己的认识能力、思维能力、欣赏品位和审美情趣，进而使学生认识中华传统文化的博大精深，增强文化自信，培养爱国情怀。

2017 年 6 月

目　录

第一单元　父慈子孝　兄友弟恭……………… 1

寄子书 ……………………… 左宗棠　3

示三儿宸征 ………………… 陆陇其　11

谕纪泽 ……………………… 曾国藩　13

严父母义 …………………… 俞正燮　18

寄弟墨书 …………………… 郑　燮　22

第二单元　至爱亲情　人间佳话……………… 29

鞭虎救弟记 ………………… 蒋　衡　31

崇明老人记 ………………… 陆陇其　37

万里寻兄记 ………………… 黄宗羲　42

为兄超求代疏 ……………… 班　昭　48

第三单元　生死悲歌　千古绝唱……………… 53

北堂侍膳图记 ……………… 朱　琦　55

祭妹文 ……………………… 袁　枚　59

祭十二郎文 ………………… 韩　愈　67

鸣机夜课图记 ……………… 蒋士铨　75

先妣事略 …………………… 归有光　84

祭夫徐敬业文 ……………… 刘令娴　90

第四单元　荀利国家　生死以之……………… 93

马援传 ……………………… 范　晔　95

观巴黎油画记 ……………… 薛福成　101

卫鞅变法强秦 ……………… 司马迁　104

郑子家与赵宣子书 ………… 《左传》 109

弦高犒师 …………………… 《左传》 114

第五单元　碧血丹心　光照千秋……………… 117

国　殇 ……………………… 屈　原　119

贺戚总戎平倭序 …………… 归有光　123

威海卫熸师记 ……………… 罗惇曧　128

左宝贵死难记 ……………… 林振镛　134

第六单元　巾帼英风　名传青史……………… 141

返钏记 ……………………… 徐自华　143

沈云英 ……………………… 夏之蓉　150

费宫人传 …………………… 陆次云　156

记冯婉贞事 ………………… 陆士谔　163

后　记 ……………………………………… 168

第一单元

父慈子孝　兄友弟恭

君子务本，本立而道生。孝弟也者，其为仁之本与！

——《论语》

举八元，使布五教于四方，父义，母慈，兄友，弟恭，子孝，内平外成。

——《史记》

本单元选文以展示家庭成员之间的教诲和劝诫为主。有的展现父母对子女的责任与爱心，既有细致入微的关怀，也有在读书的精神和方法上的谆谆教导；还有的展现兄长对弟弟在价值观上的温和引导，启发人们重视家风家法的树立与传承。

寄子书

左宗棠

孝威、孝宽知之：

我此次北行，非其素志，尔等虽小，当亦略知一二。世局如何，家事如何，均不必为尔等言之；惟刻难忘者，尔等近年读书，无甚进境，气质毫未变化；恐日复一日，将求为寻常子弟不可得，空负我一片期望之心耳。夜间思及，辄不成眠。今复为尔等言之；尔等能领受与否，我不能强，然固不能已于言也。

读书要目到、口到、心到。尔读书不看清字画偏旁，不辨明句读[1]，不记清首尾：是目不

① 句读（dòu）：断句和句中停顿的地方。

扇面 左宗棠书

到也。喉、舌、唇、牙、齿五音[1]，并不清晰伶俐[2]，蒙笼含糊，听不明白；或多几字，只图混过：是口不到也。经传[3]精义奥旨，初学固不能通，至于大略粗解，原易明白。稍肯用心体会，一字求一字下落，一句求一句道理，一事求一事原委；虚字[4]审其神气，实字[5]测其义理，自然渐

① 五音：指牙、舌、齿、唇、喉五类声母。

② 伶俐：发声圆转流畅。

③ 经传：经指《易》《书》《诗》《礼》《春秋》等儒家重要典籍，传指《左氏传》《公羊传》《穀梁传》等解释经文的书籍。此处泛指儒家经典。

④ 虚字：没有意义可解的字。

⑤ 实字：有意义可解的字。

有所悟。一时思索不得，即请先生解说；一时尚未融释[①]，即将上下文或别章别部义理相近者，反复推寻，务期了然[②]于心，了然于口，始可放手。总要将此心运在字里行间，时复思绎[③]，乃为心到。

今尔读书，总是混过日子，身在案[④]前，耳目不知用到何处；心中胡思乱想，全无收敛归著[⑤]之时。悠悠忽忽[⑥]，日复一日，好似读书是答应人家工夫，是欺哄人家、掩饰人家耳目的勾当[⑦]。昨日所不知不能者，今日仍是不知不能；其去年所不知不能者，今年仍是不知不能。

孝威今年十五，孝宽今年十四，转眼就长成大人矣。从前所知所能者，究竟能比乡村子弟之佳者否？试自忖之！

---

① 融释：融合了解。

② 了然：领悟。

③ 思绎（yì）：思索。

④ 案：桌子。

⑤ 收敛归著：专心注意。

⑥ 悠悠忽忽：荒废光阴。

⑦ 勾当：事情。

读书作人，先要立志。想古来圣贤豪杰，当我者般[①]年纪时，是何气象，是何学问，是何才干；我现在那一件可以比他。想父亲送我读书，延师训课[②]，是何志愿，是何意思；我那一件可以对父母。看同时一辈人，父母常背后夸赞者，是何好样；斥詈者，是何坏样。好样要学，坏样断不可学。心中要想个明白，立定主意，念念要学好，事事要学好。自己坏样，一概猛省猛改，断不许少有回护，断不可因循[③]苟且；务期与古时圣贤、豪杰，少小时志气一般，方可慰父母之心，免被他人耻笑！

志患不立，尤患不坚。偶然听一段好话，听一件好事，亦知歆动[④]羡慕，当时亦说“我要与他一样”。不过几日几时，此念就不知如何销歇去了。此是尔志不坚，还由不能立志之故。如果一心向上，有何事业不能做成？陶桓公有云：“大

---

① 者般：这般。

② 延师训课：请师到家教书。

③ 因循：照旧行动，不肯改过。

④ 歆（xīn）动：欣喜感动。

禹惜寸阴，吾辈当惜分阴。”① 古人用心之勤如此！韩文公云：“业精于勤，而荒于嬉。”② 凡事皆然，不仅读书，而读书更要勤苦。何也？百工技艺，及医学、农学，均是一件事，道理尚易通晓。至吾儒读书，天地、民物，莫非己任；宇宙古今事理，均须融彻③ 于心，然后施为有本。

人生读书之日，最是难得。尔等有成与否，就在此数年上见分晓。若仍如从前悠忽过日，再数年，依然故我，还能冒读书名色④，充读书人否？思之，思之！

题解

本文节录自左宗棠《寄子书》，旨在教导读书方法，督励儿子立志做一个好读书人。信中对读书之道的议论精辟独到。首先强调要“三到”：目到、口到、心到。其次要立志，并且要坚持不懈。本文加入许多口语，如

---

① 见《晋书·陶侃传》。陶桓公即东晋名将陶侃。

② 见唐代韩愈《进学解》。韩愈谥号“文”，故称“韩文公”，唐代文学家。

③ 融彻：全部明了。

④ 名色：名义。

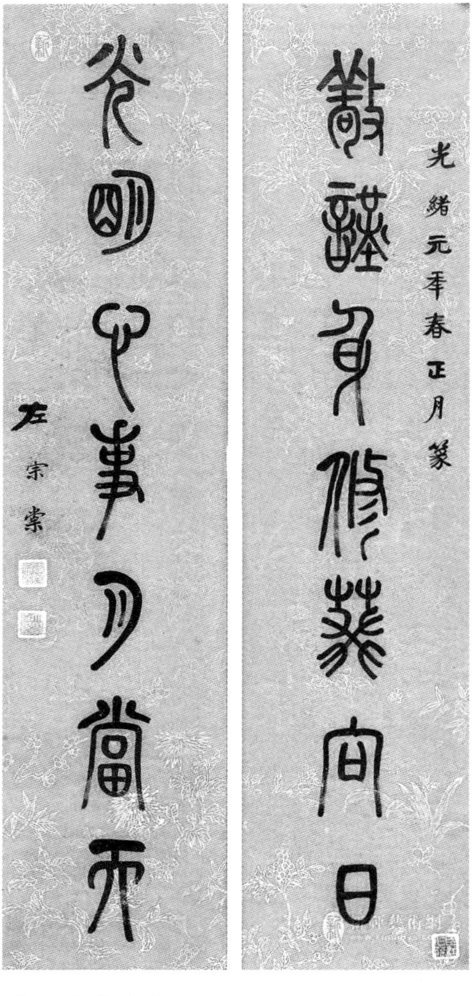

对联 左宗棠书

同当面训诲，作者对儿子前途的忧虑溢于言表，体现出一个教导有方的父亲的情怀。

作者简介

左宗棠（1812—1885），字季高，一字朴存，号湘上农人，谥文襄，湖南湘阴人，晚清著名军事家、政治家，湘军将领，洋务运动领袖人物之一。与曾国藩、李鸿章、张之洞并称“晚清四大名臣”。著有《盾鼻余沈》，其奏稿、文牍等辑为《左文襄公全集》。

思考与练习

1. 文中谈到读书的方法“目到、口到、心到”，请结合文章内容，详加理解。

2. 作者笃信以理服人，阐理明义，将爱子之情融于说理之中。对于“做人”，作者从“立志”谈起，分别说了哪两方面的内容？

对比阅读

《诫子书》（三国蜀汉·诸葛亮）

《致孝威、孝宽》（清·左宗棠）

《傅雷家书》（傅雷）

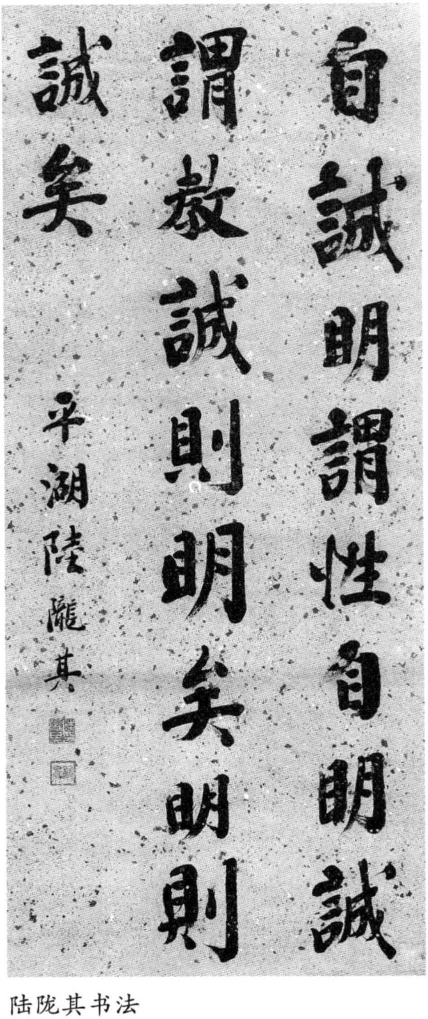

陆陇其书法

示三儿宸征

陆陇其

汝读书，要用心，又不可性急。“熟读精思”“循序渐进”[1]此八个字，朱子教人读书法也，当谨守之。又要思：“读书要何用？”古人教人读书，是欲其将圣贤言语，身体力行，非欲其空读也。凡日间，一言一动，须自省察曰：“此合于圣贤之言乎？不合于圣贤之言乎？”苟有不合，须痛自改易。如此，方是真读书人。

题解

本文节选自陆陇其《三鱼堂集》。本文作者陆陇其

---

①“循序渐进”和“熟读精思”分别为“朱子读书法”六则中的两则。

是清代著名理学家，主张学术必须致力实用。作者在书信中教导儿子读书要“身体力行”，化为行动，而非“空读”。要用圣贤道理来指导日常言行，省察自身，“知行合一”方是“真读书人”。

作者简介

陆陇其（1630—1692），原名龙其，字稼书，谥清献，浙江平湖人，清代理学家。康熙九年（1670）进士，官至监察御史。著有《困勉录》《读书志疑》《三鱼堂集》等。后人编其著作为《陆子全书》。

思考与练习

1. 作者以设问的方式展开论述，说理自然。请以此为例，作一篇《读书要何用》，进一步阐明读书对自己的影响。

2. 请结合文章，说说文章中的“真读书人”指什么？

对比阅读

《养正遗规》（清·陈宏谋）

《我们仨》（杨绛）

谕纪泽

曾国藩

汝读“四书”[①]，无甚心得，由于不能“虚心涵泳，切己体察”。朱子教人读书之法，此二语最为精当。

尔读《离娄》[②]，即如《离娄》首章“上无道揆，下无法守”，我往年读之，亦无甚警惕；近岁在外办事，乃知“上之人必揆诸道，下之人必守乎法”，若人人以道揆自许，从心而不从法，则下凌上矣。《爱人不亲》[③]章，往年读之，不甚亲切，近岁阅历日久，乃知治人不治者智不足也。此“切

---

① 四书：《论语》《孟子》《大学》《中庸》。

② 离娄：《孟子》之一章。

③ 爱人不亲：见《孟子·离娄上》。

己体察”之一端也。

“涵泳”二字，最不易识，余尝以意测之曰：涵者，如春雨之润花，如清渠之溉稻；雨之润花，过小则难透，过大则离披，适中则涵濡而滋润；清渠之溉稻，过小则枯槁，过多则伤涝，适中则涵养而浡兴。泳者，如鱼之游水，如人之濯足。程子谓：“鱼跃于渊，活泼泼地。”庄子言：“濠梁观鱼[①]，安知非乐！”此鱼水之快也。左太冲有“濯足万里流”[②]之句，苏子瞻有《夜卧濯足》[③]诗，有《浴罢》[④]诗，亦人性乐水者之一快也。善读书者须视书如水，而视此心如花、如稻、如鱼、如濯足，则“涵”“泳”二字庶可得之

---

①《庄子·秋水》写庄子与惠子游于濠梁之上。庄子曰：“鯈鱼出游从容，是鱼乐也。”惠子曰：“子非鱼，安知鱼之乐？”庄子曰：“子非我，安知我不知鱼之乐？”

② 左太冲《咏史》（其五）：“皓天舒白日，灵景耀神州。……振衣千仞冈，濯足万里流。”

③ 苏轼字子瞻，其《夜卧濯足》诗：“瓦盎深及膝，时复冷暖投。明灯一爪剪，快若鹰辞韝。”描写洗足剪爪的痛快情境颇真切。

④ 苏轼《浴罢》描写沐浴的畅快，有“垢净各殊性，快惬聊自沃”等句。

曾国藩像

于意言之表。

尔读书，易于解说，文义却不甚能深入，可就朱子“涵泳”“体察”二语悉心求之。

题解

本文选自《曾国藩家书》，是曾国藩写给儿子曾纪泽的信。作者对儿子读书没有心得的问题提出了解决方案，一针见血地指出弊病在于不能“涵泳”“体察”。他以自己的阅历现身说法，说明“切己体察”对深入理解经典的重要性；又用比喻来阐明“涵泳”的深刻内涵。作者对待儿子如同对待学生一般，耐心讲解，以理服人。

作者简介

曾国藩（1811—1872），初名子城，字伯涵，号涤生，谥文正，湖南湘乡人，晚清著名政治家、战略家、理学家、书法家、文学家。湘军创立者和统帅。与李鸿章、左宗棠、张之洞并称“晚清四大名臣”。有《曾文正公全集》传世。

思考与练习

1. 本文引经据典，说理透彻，有具体详实的例子，细致的解释，为人信服。结合“涵泳”的读书方法，谈谈你的理解。

2. 通过文章，感受到作者对儿子的耐心细致和殷切期望。请结合文章，说说父母对你的期望是什么？

对比阅读

《颜氏家训·勉学》（北朝齐·颜之推）

《同你现在一般大》（毕淑敏）

《我读书的三不主义》（周国平）

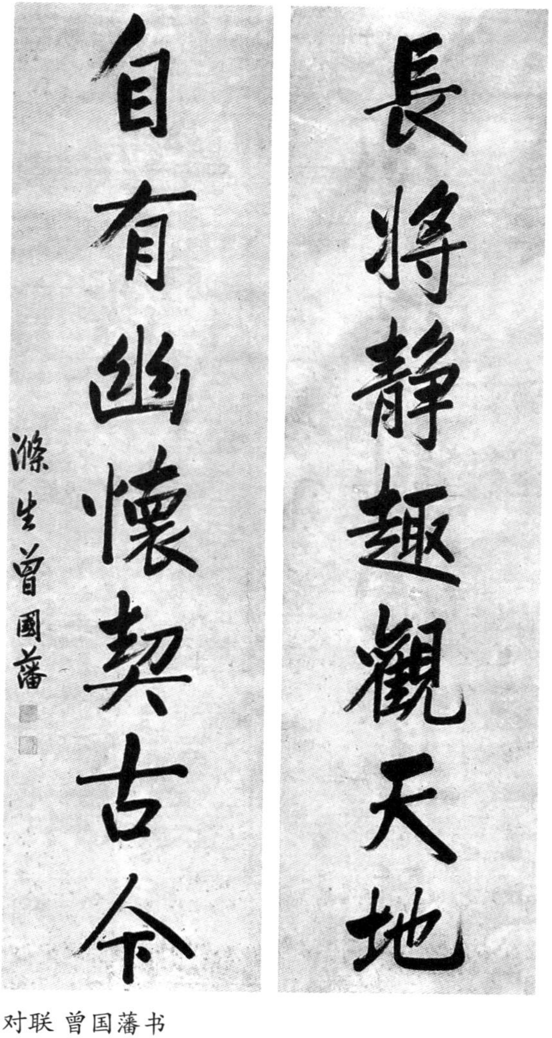

对联 曾国藩书

严父母义

俞正燮

慈者，父母之道也。《大学》云："为人父，止于慈。"《礼运》云：父慈子孝，谓之大义。父子笃，家之肥也。《左传》，晏子云："父慈子孝，礼也。父慈而教，子孝而箴，礼之善物也。"[①]而《易·家人》云："家人嗃嗃[②]，悔厉吉。"又云："有孚威如，终吉。"《象传》[③]云："家人嗃嗃，未失也。""威如之吉，反身之谓也。"《彖传》[④]云："家人有严君焉，父母之谓也。"

---

① 见《左传·昭公二十六年》，此处略有删节，原注云："箴，谏也。"

② 嗃嗃：王弼《周易注》："训恭训严。"孔颖达《周易正义》："严酷之意也。"

③ 象传：相传孔子所作，释《周易》爻象之义。

④ 彖（tuàn）传：相传孔子所作，释文王彖辞之义。

俞正燮像

然则嗃嗃同忧勤，[1]未失慈爱，有孚为慈，威如为子妇之严其父母，而反身为父母之所以严。[2]严父母，以子言之也。何以明其然也？《孝经》云："孝莫大于严父，严父莫大于配天。"又云："以养父母日严。"又云："祭则致其严。"皆谓子严其父母也。[3]

---

① 此为俞氏故作别解。

② 王弼《周易注》："身得威敬，人亦如之，反之于身，则知施于人也。"《周易正义》引申之云："身得人敬，则敬于人，明知身敬于人，人亦敬已，反之于身，则知施之于人。故曰'反身之谓'也。"

③《孝经》唐玄宗注，"严"字下均云"尊严其父母"。

癸巳存稿卷一

黟俞正燮理初

豶

易大畜六五豶豕之牙王弼注謂能豶其牙柔能制健正義引
褚氏云豶除也除其牙也其語不足信求古有二說李氏集解
崔憬引說文曰豶劇豕虞翻曰劇豕稱豶釋文引劉氏曰豕去
勢曰豶言劇豕之牙不害物故曰吉韓非十過云豎刀自豶以
爲治內亦言去勢此一說也其一說則釋文引鄭康成曰牙讀
爲互陸佃埤雅亦云今東齊海岱之閒以杙繫豕謂之牙鄭意
以牙互爲一字謂豶豕宜制之與牿童牛意同且崔憬所引說
文亦與今本異說文豕部豶云羠豕也羊部羠云騬羊也馬部
騬云犗馬也牛部犗云騬牛也皆展轉相訓而馬部騰則云傳

癸巳存稿 卷一

《癸巳存稿》书影

《表记》云：“母亲而不尊，父尊而不亲。”此汉儒失言，于母则违严君父母及养父母日严之训，于父则违慈孝之谊，由误以古言严父为父自严恶，不知古人言严皆谓敬之，《易》与《孝经》皆然。《学记》云：“严师为难，师严而后道尊。”亦言弟子敬之。《书》记舜言“敬敷五教在宽”。《史记·殷本纪》及《诗·商颂》《正义》引《书》，均作“敬敷五教，五教在宽”。《中庸》记孔子言“宽柔以教”为君子之强。岂有违圣悖经，以严酷为师者？知严师之义，则严父母之义明，而孝慈之道益明矣。

题　解

本文录自《癸巳存稿》。俞氏《癸巳类稿》编刻于道光癸巳年，故以为名，后人辑编余稿，仍名之曰《癸巳存稿》。作为论说文，本文旨在澄清对“严父母”的一般性误解，认为父母对子女应当慈和，而非严厉。“严父”之“严”是让子女尊敬之义，而非严肃严酷。

作者简介

俞正燮（1775—1840），字理初，安徽黟县（今属安徽黄山）人，清代著名学者。道光元年（1821）举人。著有《癸巳类稿》《癸巳存稿》《说文部纬校补》《海国纪闻》等，与魏源、蒋湘南、龚自珍齐名。

思考与练习

1. 本文措辞质朴，论理简要。你阅读过的文章，哪一篇可以与之相比？

2. 试作一篇《严师说》，不求引证繁多，只须简明地写出意思来。

对比阅读

《背影》（朱自清）

《荷花》（冰心）

寄弟墨书

郑　燮

十月二十六日得家书，知新置田获秋稼五百斛，甚喜！而今而后，堪为农夫以没世矣。要须制碓制磨，制筛箩、簸箕，制大小扫帚，制升、斗、斛。家中妇女，率诸婢妾，皆令习舂揄簸蹂[①]之事，便是一种靠田园长子孙气象。天寒冰冻时，穷亲戚、朋友到门，先泡一大碗炒米送手中，佐以酱姜一小碟，最是暖老温贫之具。暇日咽碎米饼，煮糊涂粥，双手捧碗，缩颈而啜之，霜晨雪早，得此周身俱暖。嗟乎！嗟乎！吾其长为农夫以没世乎？

---

① 舂揄（yú）簸蹂：舂，捣米于臼。揄，自臼取出。簸，扬米去糠。蹂，揉禾取谷。《诗经·大雅·生民》：“或舂或揄，或簸或蹂。”

我想天地间第一等人，只有农夫，而士为四民之末。农夫上者种地百亩，其次七八十亩，其次五六十亩，皆苦其身，勤其力，耕种收获，以养天下之人。使天下无农夫，举世皆饿死矣。吾辈读书人，“入则孝，出则弟[①]”，守先待后[②]，“得志泽加于民，不得志修身见于世”[③]，所以又高于农夫一等。今则不然，一捧书本，便想中举，中进士，作官，如何攫取金钱，造大房屋，多置田产。起初走错了路头，后来越做越坏，总没有个好结果。其不能发达者，乡里作恶，小头锐面[④]，更不可当。夫束身自好者，岂无其人？经济[⑤]自期，抗怀千古者，亦所在多有。而好人为坏人所累，遂令我辈开不得口；一开口，人便笑曰：“汝辈书生，总是会说；他日居官，便不如此说了。”所以忍气吞声，只得捱人笑骂。工

---

① 入则孝，出则弟：弟，同“悌”，敬重兄长。《论语·学而》：“弟子入则孝，出则悌。”

② 守先待后：即承先启后，守先之业而待后起。

③ “得志”二句，语见《孟子·尽心上》。

④ 小头锐面：喻奸刁作恶之状。

⑤ 经济：经世济民。

兰竹图 郑燮绘

人制器利用，贾人搬有运无，皆有便民之处。而士独于民大不便，无怪乎居四民之末也！且求居四民之末而亦不可得也。

愚兄平生最重农夫。新招佃地人[①]，必须待之以礼。彼称我为主人，我称彼为客户；主客原是对待之义，我何贵而彼何贱乎？要礼貌他，要怜悯他；有所借贷，要周全他；不能偿还，要宽让他。尝笑唐人《七夕》诗，咏牛郎织女[②]，皆作会别可怜之语，殊失命名本旨。织女，衣之源也；牵牛，食之本也；在天星为最贵。天顾重之，而人反不重乎？其务本勤民，星象昭昭可鉴矣。吾邑妇人，不能织紬[③]织布，然而主中馈[④]，习针线，犹不失为勤谨。近日颇有听

---

① 佃（tián）地人：租种地主田地的农民。佃，耕种田地。

② 牛郎织女：两星名。《荆楚岁时记》："天河之东有织女，天帝之子也。年年织杼劳役，织成云锦天衣。天帝怜其独处，许嫁河西牵牛郎。嫁后，遂废织纴。天帝怒，责令归河东，但使其一年一度相会。"

③ 紬（chóu）：粗绸。用废茧残丝纺成的织物。

④ 中馈：指妇人在家，主饮食之事。

鼓儿词[①]，以斗叶[②]为戏者，风俗荡轶[③]，亟宜戒之。

吾家业地虽有三百亩，总是典产，不可久恃。将来须买田二百亩，予兄弟二人，各得百亩足矣，亦古者一夫受田百亩[④]之义也。若再求多，便是占人产业，莫大罪过。天下无田无业者多矣！我独何人？贪求无厌，穷民将何所措足乎！或曰："世上连阡越陌，数百顷有余，子将奈何？"应之曰："他自做他家事，我自做我家事。世道盛则一德遵王[⑤]，风俗偷[⑥]则不同为恶，亦板桥之家法[⑦]也。"

---

① 鼓儿词：即大鼓，一种民间曲艺，盛于明清。

② 斗叶：即斗纸牌。叶为叶子戏。

③ 荡轶：同荡佚，放纵不受约束。

④ 一夫受田百亩：周代井田制规定，授田之法，以地方一里，画为九区，每区百亩，中为公田，其外八家，各授一区为私田。

⑤ 遵王：遵行仁义。仁义所往曰王。

⑥ 偷：淡薄，不厚道。

⑦ 家法：治家之法。

题　解

本文是郑燮写给弟弟的一封家书。郑燮在书信里针对当时世风日坏的现象，歌颂了农民，教导弟弟要尊重农民。作者蔑视权贵，以勤劳致富为目标，以独立人格为依托，体现了其经世济民的追求。文章声情并茂，循循善诱，向弟弟生动展现了“板桥之家法”。

作者简介

郑燮（1693—1765），字克柔，号理庵，又号板桥，人称板桥先生，江苏兴化人，祖籍苏州。乾隆元年（1736）进士。官山东范县、潍县县令。后客居扬州，以卖画为生，为“扬州八怪”重要代表人物。其诗书画，世称“三绝”，是清代比较有代表性的文人画家。著有《郑板桥集》。

思考与练习

1. 作者认为农夫是天地间第一等人，结合文章说说理由。

2. 本文条理清晰，表达了兄对弟爱护、教导之深情。作者劝诫弟弟要对农夫体恤有加，以礼相待，请结合文章说说他说理的依据是什么？

对比阅读

《曾国藩家书·与弟书》（清·曾国藩）

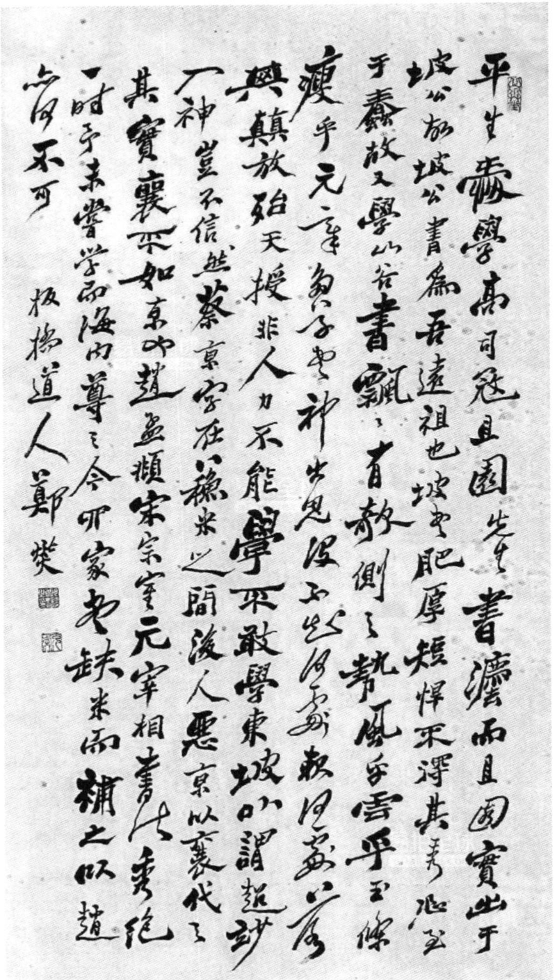

郑燮书法

第二单元

至爱亲情　人间佳话

凡今之人，莫如兄弟。

——《诗经》

爱亲者，不敢恶于人；敬亲者，不敢慢于人。

——《孝经》

谁言寸草心，报得三春晖。

——孟郊《游子吟》

本单元选文展示家庭亲人间至真至善之情，激发学生对于骨肉血亲应有的至仁至义之心。这些选文有的描述了兄对弟的拳拳爱护，有的描述了弟对兄的牵挂眷恋；还有的描述了儿女尽责尽孝，使父母老有所养、老有所乐。这些文章无一不体现出社会风气的淳朴、善良，字里行间自有一番震撼人心的力量！

鞭虎救弟记

蒋　衡

至行多奇，奇必发于天性，此非人之所能为也。强而行之，鲜克有济。余所闻江都[1]程含光少时鞭虎救弟事，可谓奇矣！

康熙乙卯[2]秋，含光偕仲弟自六安[3]归，过箬岭[4]；岭峻且险，会日暮，四顾绝人烟，沉阴黯惨，二人各策蹇[5]行，俄而腥风骤起，飞沙疾卷，木叶扑面如雨下，猛虎攫其弟去。含光大惊坠地，

---

① 江都：江苏扬州地名。

② 乙卯：指康熙十四年（1675）。

③ 六安：清安徽直隶州名，今安徽六安。

④ 箬岭：地名，在安徽歙县北八十里。

⑤ 策蹇：乘驴。策原指马鞭，引申为驾驭；蹇指驽弱的驴马。

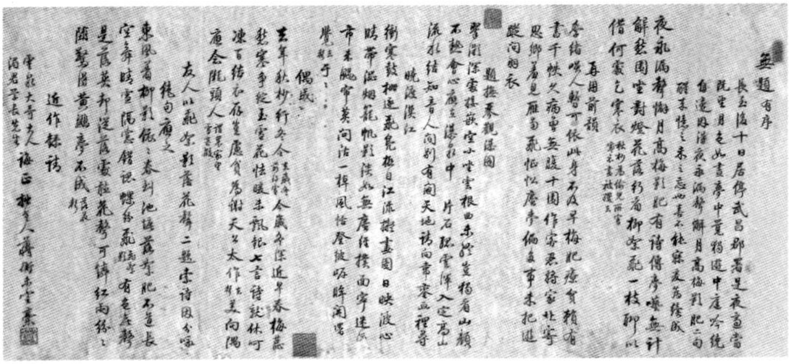

蒋衡书法

持短鞭力追，左手据虎颈，右以鞭乱捶虎头，呼号声震山谷。虎怒，力不得肆，舍其弟据嵎而吼，将以搏含光。含光负其弟疾奔下岭，投旅店。既息肩，其弟尚一息未殊，以汤灌之，徐苏；含光喘亦略定，起视仲肩，前后十余孔，血淋漓满地，复大恸。有道士谓之曰："虎牙有毒，深入，恶血不尽出，不可救。"含光竭力以口遍吮之，去血数升，医数十日渐平，乃偕归。

当是时，含光仲弟甫十有五岁，今年已近八旬，其伤痕历历可数，俱寸许阔，每解衣示人，则泪涔涔，念乃兄不置也。

含光，大程村望族。幼具至性，偕诸弟读书。因家道中落，谋所以养亲，遂以治生为急，奔走大江南北。家少康，远近亲朋重其才，有重务，悉资之，未尝以劳瘁辞，故不克永世①。

又闻含光能尽孝养，归囊所有，必陈于父母前，不少私其妻子。与人交，重然诺，济困解纷，人咸赖之。——而竟以中年殒命！

呜呼！含光至此死，死亦可以无憾！向使虎攫仲弟时，气馁战栗，伏地不能起；即起，欲图所以救，区区一竹鞭，何足撄虎威？惟有坐视其弟糜②虎口，或捐躯与之同尽耳。而含光当其时，奋身一往，目中不知有虎，并不知其为竹鞭，且不知有己；惟痛弟危难而奔赴之，其死其生不暇计。余故曰："此非人力之所能为也。诚也。"至于今，八十老翁，一鞭抚摩，时时以血泪拂拭，光莹滑泽如鉴，珍藏以为世守。真千古奇行，足以垂教友爱云。

后乙卯③金坛拙存老人蒋衡，客广陵④蕃

---

① 本句意为因过于劳苦，不能享长寿。

② 糜：摧残，毁灭。

③ 乙卯：指雍正十三年（1735）。

④ 广陵：扬州的别称。

釐[1]道院，有人属为记，且铭其鞭。铭曰：“坚多节，光莹泽。仲氏血，思我伯。昔遇虎，以此策。力不敌，诚能格。胡不寿？致夭折。八十翁，形影只。自摩挲，染成碧。请余铭，友恭[2]式。”

题解

本文描写了一个普通人在面对猛虎时，舍命救助年幼弟弟的英勇事迹。文中对事情经过的描写生动详尽，如在眼前，气氛渲染极为动人。通过弟弟终生不忘的怀念、对朋友亲戚的义气、对父母的孝敬等，侧面勾勒出程含光的为人处世态度。从而也说明救弟行为并非偶然和勉强，而是出自天性。靠着兄弟之爱战胜恐惧，成为传诵一时的“奇行”壮举。

作者简介

蒋衡（1672—1743），字湘帆，号拙存、江南拙叟、函潭老布衣，江苏金坛（今属常州）人。善书法，以手书十三经进呈，赐国子监学正。著有《拙存堂诗文集》《易卦私笺》《拙存堂题跋》《书法论》等。

---

① 蕃釐（xǐ）：多福。蕃，繁多。釐，同“禧”。

② 友恭：兄弟间的情感准则。兄友爱，弟恭敬。

思考与练习

1. 含光何以能鞭虎?

2. 含光仲弟年老时想念其兄，心中应有怎样的一种感伤?

3. 发于天性的友爱，在什么时候最易显露?

对比阅读

《金黄的大斗笠》（高风）

《我的叔叔于勒》（［法］莫泊桑）

对联 蒋衡书

崇明老人记

陆陇其

崇明[1]县有吴姓老人者，年已九十九岁，其妇亦九十七岁矣。老人生四子，壮年家贫，鬻[2]子以自给，四子尽为富家奴。及四子长，咸能自立，各自赎身娶妇，遂同居而共养父母焉。卜居[3]于县治之西，列肆共五间；伯开花米店，仲开布庄，叔开腌腊，季开南北杂货，四铺并列。其中一间，为出入之所。四子奉养父母，曲尽孝道。始拟膳每月轮一家，周而复始。其媳曰："翁姑老矣！

---

①崇明：清代属江苏，今为上海市崇明区。

②鬻（yù）：卖。

③卜居：择地居住。卜，选择。《史记·周本纪》："成王使召公卜居。"

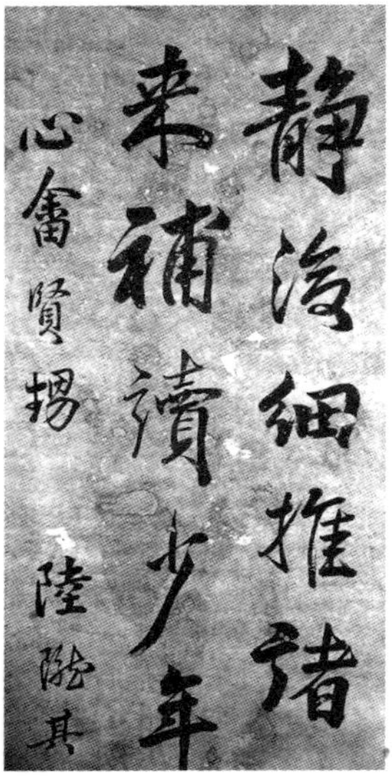

陆陇其书法

若一月一轮，则必历三月后，方得侍奉颜色，太疏。”复拟每日一家，周而复始。媳又曰：“翁姑老矣！若一日一轮，则历三日后，方得侍奉颜色，亦疏。”乃以一餐为率。如早餐伯，则午餐仲，晚餐叔，则明日早餐季，周而复始。若逢五及十，则四子共设于中堂。父母南向坐，东则四子及诸孙辈，西则四媳及诸孙媳辈，分昭穆[1]坐定，以

① 昭穆：按长幼、上下等次序左右排列。古代宗庙制度，父居左为昭，子居右为穆。

次称觞献寿，率以为常。

老人饮食之所，后置一橱，橱中每家各置钱一串，每串五十文。老人每食毕，反手于橱中，随意取钱一串，即往市中嬉，买果饼啖之。橱中钱缺，则其子潜补之，不令老人知也。老人间往知交家游，或博弈①，或摴蒲②。四子知其所往，随遣人密持钱二三百文，安置所游家，并嘱其家佯输钱于老人；老人胜，辄踊跃持钱归，老人亦不知也，亦率以为常，盖数十年无异云。老人夫妇，至今犹无恙。其长子年七十七岁，余子皆颁白③，孙与曾孙约共二十余人。

崇明总兵④刘兆，以联表其门曰："百龄夫妇齐眉⑤，五世儿孙绕膝。"洵不诬也。因援笔记之，以告世之为人子者。

---

① 博弈：即六博与围棋，都是古代游戏。《论语·阳货》："不有博弈者乎？"

② 摴（chū）蒲：古时赌博的名称，即今掷骰。

③ 颁白：鬓发花白，同斑白。《孟子·梁惠王上》："颁白者不负戴于道路矣。"

④ 总兵：明清时所置武官，为地方上的重要武职。

⑤ 齐眉：为夫妇相敬爱的代称。东汉时，名士梁鸿妻孟光为鸿具食，不敢仰视，举案齐眉。见《后汉书·梁鸿传》。

无题　清 沈心海绘

题　解

本文选自《三鱼堂集》，是传记体的叙事文。讲述了子媳们争相孝养老夫妇的事迹。本文旨在褒扬老人四个儿子的美德。老人家贫，为了生计，把四个孩子相继卖为奴仆。但孩子长大后不仅没有埋怨，甚至还比常人更加孝顺，加倍奉养父母。表明割不断的亲情带来了宽恕与体贴。对老人无微不至的关怀细节，更凸显儿子们人性的醇厚，对伦理的尊重。

作者简介

见第一单元《示三儿宸征》。

思考与练习

1. 本篇题为“崇明老人记”，描写了崇明老人老有所养的幸福生活，其主旨在赞扬什么？

2. “老者安之，朋友信之，少者怀之”（《论语·公冶长》），是孔子心中的理想社会。读完本文，想一想，怎样才能让老者安之？

对比阅读

《散步》（莫怀戚）

万里寻兄记

黄宗羲

宗羲六世祖小雷府君①，讳玺，字廷玺，兄弟六人。长伯震，商于外，逾十年不归。府君魂祈梦请卜之②，茫然不得影响③。作而曰："吾兄不过在域内，吾兄可至，吾何独不可至乎？"蹑屩④出门。乡党阻之，曰："汝不知兄之所至，东西南北，从何处寻起？"府君曰："吾兄商也，商之所在，必通都大邑。吾尽历通都大邑，必得兄矣！"

---

① 府君：对人的敬称。

② 本句意为：思兄情切，常在魂梦中祈祷，以卜兄之所在。

③ 影响：消息。

④ 屩（juē）：草鞋。

黄宗羲像 清 叶衍兰绘

于是裂纸数千，缮写其兄里系[①]年貌为零丁[②]，所过之处，辄榜之宫观街市间，冀兄或见之；即兄不见，而知兄者或见之也。经行万里，獠洞蛮陬[③]，踪迹始遍，卒无所遇。府君祷之衡山，梦有人诵“沉绵[④]盗贼际，狼狈江汉行”。觉而以为不祥。遇士人占之，问君何所求？府君曰：“吾为寻兄至此。”士人曰：“此杜少陵《舂陵行》[⑤]

① 里系：籍贯和宗系。

② 零丁：寻人招帖。

③ 獠（lǎo）洞蛮陬（zōu）：南方少数民族聚居的边远山区。

④ 沉绵：疾病缠绵，经久不愈。

⑤ 杜甫曾居少陵（今西安市南），自号少陵野老。《舂陵行》为杜甫回应元结《舂陵行》的诗作。

中句也。春陵，今之道州[①]。君入道州，定知消息。”

府君遂至道州，彷徨访问，音尘[②]不接。一日奏厕[③]，置伞路旁。伯震过之，见伞而心动曰：“此吾乡之伞也。”循其柄而视之，有字一行云：“姚江[④]黄廷玺记”。伯震方惊骇未决，府君出而相视，若梦寐，恸哭失声。道路观者亦叹息泣下。时伯震已有田园妻子于道州，府君卒挽之而归。

尝观史传，人子所遭不幸，间关踣顿[⑤]，求父求母者，不绝书。为人弟而求兄者无闻焉。岂世无其事欤？抑有其事而纪载者忽之欤？方府君越险阻，犯霜雪，跋涉山川，饥体冻肤而不顾，钳口槁肠而不恤，穷天地之所覆载，际日月之所照临，汲汲[⑥]皇皇[⑦]，惟此一事，视天下无有可以

---

① 道州：今湖南道县，境内有春陵山。

② 音尘：消息。

③ 奏厕：上厕所。

④ 姚江：在浙江余姚南。

⑤ 间（jiàn）关踣（bó）顿：辗转困顿。

⑥ 汲汲：急切的样子。

⑦ 皇皇：心不安的样子。

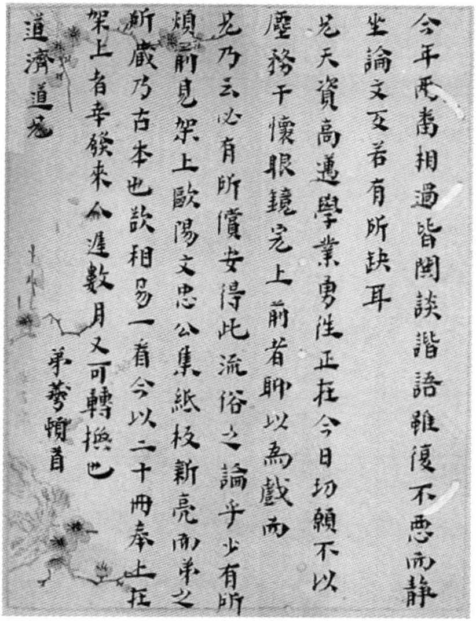
今年两翁相遇皆闘談諧語雖復不悪而静
坐論文更若有所缺耳
兄天資高邁學業專性正在今日切願不以
塵務干懷眼鏡完上前者聊以為戲而
兄乃云必有所償安得此流俗之論乎少有所
煩前見架上歐陽文忠公集紙板新亮而弟之
所藏乃古本也欲相易一看今以二十冊奉上在
架上者幸發来命進數月又可轉換也
弟羲頓首
道濟道兄

黄宗羲《致道济手札》

易吾兄者。而其时当景泰、天顺①之际，英宗景皇独非兄弟耶②？景皇惟恐其兄之入，英宗惟恐其弟之生。富贵利害，伐性伤恩，以视府君，爱恶顿殊。可不谓天地纲常之寄，反在草野乎？

---

① 景泰：明景皇年号（1450—1457）。天顺：明英宗年号（1457—1464）。

② 明正统十四年（1449），英宗朱祁镇亲征瓦剌，兵败被掳，其弟郕王朱祁钰袭位为景皇。至景泰元年，和议告成，英宗还京。景皇将英宗禁锢宫中，后景皇抱病，英宗乘机复辟，改元天顺，仍废景皇为郕王，软禁至死。史称“夺门之变”。

题 解

本文记叙作者六世祖黄玺万里迢迢寻找兄长的感人事迹。作者以与之同时的明英宗朱祁镇和明代宗朱祁钰兄弟因为恋栈皇位而手足相残的重要历史事实加以对比，得出权力对亲情与人性会有所伤害和扭曲这一深刻主题。文章的主旨不再停留在一般的道德歌颂，而是升华到对社会现象的批判和对统治者的谴责。

作者简介

黄宗羲（1610—1695），字太冲，号梨洲，世称“南雷先生”或“梨洲先生”，浙江余姚人，明末清初经学家、史学家、思想家、地理学家、天文历算学家、教育家。明亡后，还乡隐居著述，清屡征不就。其“经世致用”学说，开启限制君权的民主思想。与顾炎武、王夫之并称“明末清初三大儒”，亦有“中国思想启蒙之父”之誉。著有《南雷文定》《宋元学案》《明儒学案》《明夷待访录》等。

思考与练习

1. 小雷府君是如何万里寻兄的？

2. 文中兄弟相认之景，感人至深。试用自己的语言描述一下当时的场景。

3. 文章结尾提及英宗景皇兄弟之事，有何作用？

对比阅读

《爱的教育·万里寻母记》（［意］亚米契斯）

为兄超求代疏

班 昭

妾同产兄[1]西域都护定远侯超，幸得以微功特蒙重赏，爵列通侯，位二千石。天恩殊绝，诚非小臣所当被蒙。超之始出，志捐躯命，冀立微功，以自陈效。会陈睦之变，道路隔绝。超以一身，转侧绝域，晓譬诸国。因其兵众，每有攻战，辄为先登，身被金夷[2]，不避死亡。赖蒙陛下神灵，且得延命沙漠。至今积三十年，骨肉生离，不复相识。所与相随时人士众，皆已物故[3]。超年最长，

---

① 同产兄：同胞哥哥。

② 金夷：即金创、金痍，指金属利器造成的创伤。

③ 物故：死亡。

今且七十。衰老被病，头发无黑，两手不仁[①]，耳目不聪明，扶杖乃能行。虽欲竭尽其力，以报塞天恩；迫于岁暮，犬马齿索。蛮夷之性，悖逆侮老。而超旦暮入地，久不见代。恐开奸宄[②]之源，生逆乱之心。而卿大夫，咸怀一切，莫肯远虑，如有卒暴，超之气力不能从心，便为上损国家累世之功，下弃忠臣竭力之用，诚可痛也！故超万里归诚，自陈苦急；延颈逾望[③]，三年于今，未蒙省录。

妾窃闻古者十五受兵，六十还之，亦有休息，不任职也。缘陛下以至孝理天下，得万国之欢心，不遗小国之臣，况超得备侯伯之位，故敢触死为超求哀，丐[④]超余年，一得生还，复见阙庭，使国永无劳远之虑，西域无仓卒之忧。超得长蒙文

---

① 不仁：麻木。

② 奸宄（guǐ）：盗窃或作乱的坏人。在外为奸，在内为宄。

③ 逾望：遥望。

④ 丐：乞求。

曹大家
惠班名昭一名姬博學高才適曹世叔兄固著漢書
未及竟而卒和帝詔昭踵而成之數召入宫令皇后
諸貴人師事焉號曰大家

班昭像　清 上官周绘

王葬骨[①]之恩，子方哀老[②]之惠。《诗》云："民亦劳止，汔可小康。惠此中国，以绥四方。"[③]超有书与妾生诀，恐不复相见。妾诚伤超以壮年竭忠孝于沙漠，疲老则便捐死于旷远，诚可哀怜。如不蒙救护，超后有一旦之变，冀幸超家得蒙赵母[④]、卫姬[⑤]先请之贷。妾愚戆不知大义，触犯忌讳。

题　解

本文节选自《后汉书》，是班昭为其兄班超向汉和帝上的奏疏。疏，是向皇帝陈述情况的一种上行文书。

班超是东汉名将，他抗击北匈奴有功，任西域都护，在西域活动达三十一年之久，后封定远侯。班昭因为其兄年老多病仍远戍西域，故向皇帝上疏，请求让班超解

---

① 周文王作灵台，掘地得死人骨，文王命葬之。吏曰："此无主矣。"文王曰："有天下者，天下之主也；有一国者，一国之主也。寡人固其主，又安求主？"

② 田子方，魏文侯之师，见君之老马弃之，曰："少尽其力，老而弃之，非仁也。"于是收而养之。

③ 语见《诗经·大雅·民劳》篇。汔（qì），几乎；绥，安抚。

④ 赵母：指赵奢之妻，赵括之母，惧括败，先请，得不连坐。

⑤ 卫姬：卫国人，齐桓公之姬。桓公与管仲谋伐卫。桓公入，姬察言观色，替卫请罪，使桓公放弃伐卫。

甲回乡。这封奏书情感真切，说理透辟，终于感动了皇帝，实现了班超“生入玉门关”的愿望。

作者简介

班昭（约45—约117），又名姬，字惠班，扶风安陵（今陕西咸阳东北）人，东汉史学家、文学家。班彪之女、班固之妹，嫁曹世叔为妻，故称“曹大家（gū）”。班昭博学高才，其兄班固著《汉书》，未竟而卒，班昭奉旨入东观藏书阁，续写《汉书》。其后汉和帝多次召班昭入宫，教授后宫嫔妃。邓太后临朝后，曾参与政事。班昭作品存世七篇，《东征赋》和《女诫》等对后世有很大影响。

思考与练习

1. 从文章中看，班超是个什么样的人？

2. 班昭为兄请命，辞真意切，既有勇气，又有智慧。结合选文，了解班昭人物生平，分析其人物形象。

对比阅读

《陈情表》（西晋·李密）

《后汉书·列女传·蔡文姬求情》（南朝宋·范晔）

第三单元

生死悲歌　千古绝唱

稚子牵衣问：归来何太迟？共谁争岁月，赢得鬓边丝？

——杜牧《归家》

君自故乡来，应知故乡事。来日绮窗前，寒梅着花未？

——王维《杂诗》

家人，是一辈子最亲近的人。从出生到死亡，能一直陪着我们的就是家人。本单元选文以亲情为主。亲情，是最可贵的，也往往最容易被忽略，因为就在身旁，所以不被珍惜。常人往往苛近宽远：亲人在身边时，理所当然地享受亲情的照顾；一旦分别，方能体会到亲情的温暖和力量。

北堂侍膳图记

朱　琦

姚湘坡先生以所绘《北堂侍膳图》示余：图广四尺，纵一尺，修竹古木，翳然庭宇。素衣练裙，怡然坐于堂上者，为其母沈太夫人；面白皙微髭，而侍侧者，即湘坡先生；稍左，肩随而立，为其弟湘舟；其右，面微俯，嶷然[1]而秀出者，为其季弟湘渔。余曰："天下之至乐，无有逾于此者矣！人孰不有此乐，然往往当其境者，视为固然，无足异也。"

犹记琦少时，侍先大夫饭。有馈蒸豚者，琦方自塾中归，先大夫谓琦曰："汝今日书熟乎？

① 嶷（nì）然：卓异的样子。

教子图 清 王素绘

以咲汝。”回顾吾弟，牵衣立母旁，先大母年八十，扶杖相视而笑。以为人生骨肉欢然聚处恒如是。及长，更历忧患，颠顿狼狈，奔走道途，忽忽已二十年。今独吾母张太宜人[①]在耳。余又以宦游京师，太宜人道远不果来，弟及诸侄南北乖隔。每于中夜，彷徨却顾，不独儿时意象邈难再得，即曩昔[②]家居骨肉聚处之乐，亦惝然如梦，不可追忆。览是图，不能不慨然而叹也。

先生以某年官翰林，改铨部[③]，奉赠公[④]讳归江南。今年春，复供职来京。太夫人惮于远涉，不获迎侍。先生所处之境，其有与余同者耶？

嗟乎！世之远游而不克顾养者多矣，今先生独眷眷于此，且为之图以示不忘。余既重先生之诚，且志余感，而又以为世之远游而忘其亲者戒也，乃为之记。

---

① 太宜人：明清时期五品职官的母亲或祖母的封号。

② 曩（nǎng）昔：从前。

③ 铨部：六部中的吏部。

④ 赠公：明清时称职官受过追封的亡父。

题 解

本文是桐城派散文家朱琦写给朋友姚湘坡的“全家福”图的题辞。作者通过追忆自己年少时的情景，以自身的亲情体验来贴合朋友的天伦之乐。文章精练的场景勾勒和细节描写，令人感受到浓浓的思亲之情。

作者简介

朱琦（1803—1861），字伯韩，一说字濂甫，号伯韩，广西临桂人，清代诗人和散文家。“岭西五大家”之一，是桐城派在广西的代表作家。道光十五年（1835）进士，官至御史，以直言敢谏被称为“谏垣三直”之一。晚年总理杭州团练局，死于太平天国攻杭州时。著有《怡志堂集》。

思考与练习

1. 作者看到《北堂侍膳图》为什么会慨然而叹？

2. 体会文中“世之远游而不克顾养者多矣，今先生独眷眷于此，且为之图以示不忘”一句所蕴含的情感。

对比阅读

《目送》（龙应台）

祭妹文

袁　枚

乾隆丁亥[①]冬，葬三妹素文[②]于上元[③]之羊山，而奠以文曰：

呜呼！汝生于浙而葬于斯，离吾乡七百里矣，当时虽觭梦[④]幻想，宁知此为归骨所耶？

汝以一念之贞[⑤]，遇人仳离[⑥]，致孤危托落。

---

① 丁亥：指乾隆三十二年（1767）。

② 素文：袁机，字素文，别号青琳居士。

③ 上元：清代地名，今并入南京。

④ 觭（qī）梦：奇异的梦。

⑤ 据袁枚《女弟素文传》，素文嫁如皋高氏，乃指腹为婚。后高氏子有恶行，其家恐误素文，假称婿有疾病，请取消婚约。素文为从一而终，涕泣不愿，及嫁高氏，长受荼毒，几为丈夫卖以偿还赌债。枚父得知，遂向官府诉讼，与高氏子离异，带素文回家。

⑥ 仳（pǐ）离：夫妻离异。

虽命之所存，天实为之；然而累汝至此者，未尝非予之过也。予幼从先生受经，汝差肩而坐，爱听古人节义事；一旦长成，遽躬蹈之。呜呼！使汝不识诗书，或未必艰贞若是。

余捉蟋蟀，汝奋臂出其间，岁寒虫僵，同临其穴。今予殓汝葬汝，而当日之情形憬然[①]赴目。予九岁憩书斋，汝梳双髻，披单缣[②]来，温《缁衣》[③]一章。适先生奓[④]户入，闻两童子音琅琅然，不觉莞尔，连呼则则：此七月望日事也，汝在九原，当分明记之。予弱冠粤行，汝掎[⑤]裳悲恸。逾三年，予披宫锦还家[⑥]，汝从东厢扶案出，一家瞠视而笑，不记语从何起，大概说长安[⑦]登科，函使报信迟早云尔。凡此琐琐，虽为陈迹，然我一日未死，

---

①憬（jǐng）然：觉悟的样子。

②缣（jiān）：双丝的细绢。

③缁（zī）衣：《诗经·郑风》篇名。

④奓（zhà）：打开。

⑤掎（jǐ）：牵拉。

⑥唐代制度，进士及第后，始着宫锦袍。枚于乾隆三年（1738）成进士，即还乡结婚。

⑦西汉建都长安（今陕西西安），后因通称国都为长安。

则一日不能忘。旧事填膺，思之凄梗[1]，如影历历，逼取便逝。悔当时不将嫛婗[2]情状，罗缕纪存。然而汝已不在人间，则虽年光倒流，儿时可再，而亦无与为证印者矣。

汝之义绝高氏而归也，堂上阿奶[3]仗汝扶持，家中文墨眣[4]汝办治。尝谓女流中最少明经义、谙雅故者，汝嫂[5]非不婉嫕[6]，而于此微缺然。故自汝归后，虽为汝悲，实为予喜。予又长汝四岁，或人间长者先亡，可将身后托汝，而不谓汝之先予以去也！

前年予病，汝终宵刺探，减一分则喜，增一分则忧。后虽小差[7]，犹尚殗殜[8]，无所娱遣。汝来床前，为说稗官野史可喜可愕之事，聊资一欢。

---

① 凄梗：悲咽，泣不成声。梗，通“哽”。

② 嫛（yī）婗（ní）：幼儿，此指幼年时代。

③ 阿奶：指枚母章太孺人。

④ 眣（shùn）：以目示意，使眼色。这里指期待。

⑤ 指枚妻王氏。

⑥ 婉嫕（yì）：美好温顺。

⑦ 差（chài）：病愈。后作“瘥”。

⑧ 殗（yè）殜（dié）：病不太严重，半卧半起的样子。

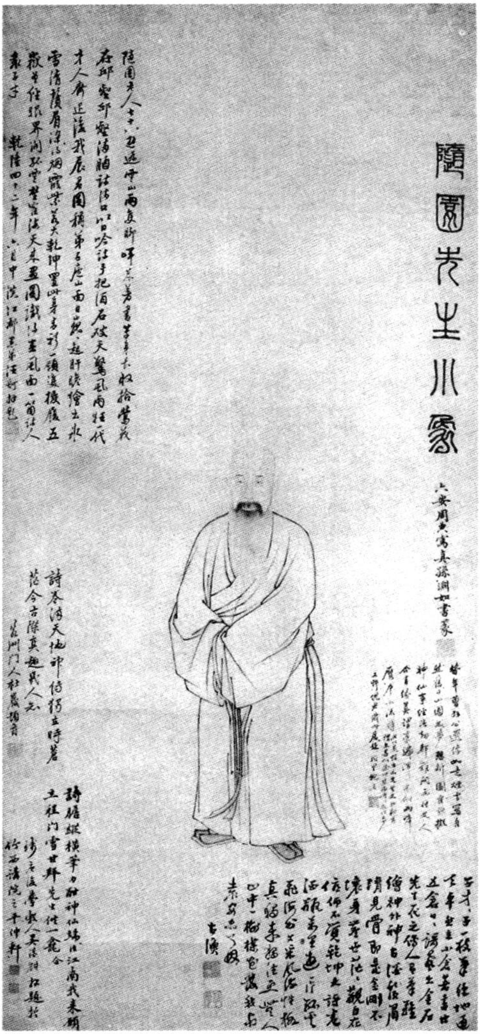

随园先生小像
清 周典绘

呜呼！今而后吾将再病，教从何处呼汝耶？

汝之疾也，予信医言无害，远吊扬州。汝又虑戚吾心，阻人走报。及至绵惙[①]已极，阿奶问望兄归否，强应曰“诺”。予已先一日梦汝来诀，心知不祥，飞舟渡江。果予以未时还家，而汝以辰时气绝。四支[②]犹温，一目未瞑，盖犹忍死待予也。呜呼痛哉！早知诀汝，则予岂肯远游，即游亦尚有几许心中言，要汝知闻，共汝筹画也。而今已矣！除吾死外，当无见期。吾又不知何日死，可以见汝，而死后之有知无知，与得见不得见，又卒难明也。然则抱此无涯之憾，天乎，人乎，而今已乎！

汝之诗，吾已付梓[③]；汝之女，吾已代嫁；汝之生平，吾已作传；惟汝之窀穸[④]，尚未谋耳。先茔在杭，江广河深，势难归葬，故请母命而宁汝于斯，便祭扫也。其旁葬汝女阿印。其下两冢，

---

① 绵惙：指病情沉重，奄奄一息。

② 四支：即四肢。

③ 付梓（zǐ）：书籍刊印。古代雕版刻书以梓木为上。

④ 窀（zhūn）穸（xī）：墓穴。

一为阿爷侍者朱氏，一为阿兄侍者陶氏。羊山旷渺，南望原隰[①]，西望栖霞[②]，风雨晨昏，羁魂有伴，当不孤寂。所怜者，吾自戊寅年读汝“哭侄”诗后，至今无男，两女牙牙[③]，生汝死后，才周晬[④]耳。予虽亲在未敢言老，而齿危发秃，暗里自知，知在人间，尚复几日！阿兄远官河南，亦无子女，九族无可继者。汝死我葬，我死谁埋？汝倘有灵，可能告我？

呜呼！身前既不可想，身后又不可知，哭汝既不闻汝言，奠汝又不见汝食。纸灰飞扬，朔风[⑤]野大。阿兄归矣，犹屡屡回头望汝也。呜呼哀哉！呜呼哀哉！

题解

袁枚的散文代表作《祭妹文》哀婉真挚，流传久远，论者常将此文与唐代韩愈的《祭十二郎文》并提。

---

① 原隰（xí）：泛指原野。隰指低湿之地。

② 栖霞：山名，位于南京。

③ 牙牙：小儿学语的样子。

④ 周晬（zuì）：小儿周岁。

⑤ 朔（shuò）风：北风。朔，北方。

这篇《祭妹文》是古代文学史上哀祭散文的珍品。文章从兄妹之间的亲密关系下笔，追忆妹妹袁机从童年的天真可爱，到与兄长久别重逢的欢乐，以及遭遇婚姻不幸的坎坷，临死不得相见的遗憾等等，还描写了袁机的才华与德行。文中饱含着浓厚的哀悼、思念以及悔恨等真挚情感。

作者简介

袁枚（1716—1798），字子才，号简斋，自号仓山居士、随园主人、随园老人，浙江钱塘（今杭州）人，清代著名诗人、散文家、文学评论家。乾隆四年（1739）进士，官溧水、江浦、江宁等县知县，后辞官乔居江宁（今南京），修筑随园，闲居五十余年，著述诗文，广交文友。诗倡“独抒性灵”，与赵翼、蒋士铨并称“乾隆三大家”。著有《小仓山房诗文集》《随园诗话》《随园随笔》等。

思考与练习

1. 本文第四自然段写了三件生活琐事，表达了什么样的情感？

2. 袁枚为什么会感慨“使汝不识诗书，或未必艰贞若是”？

对比阅读

《项脊轩志》（明·归有光）

《婴砧课诵图序》（清·王拯）

《哭小弟》（宗璞）

祭十二郎文

韩　愈

年、月、日[①]，季父[②]愈，闻汝丧之七日，乃能衔哀致诚，使建中[③]远具时羞[④]之奠，告汝十二郎之灵：

呜呼！吾少孤[⑤]，及长，不省所怙[⑥]，惟兄嫂是依。中年，兄殁南方，吾与汝俱幼，从嫂归葬

---

① 年月日：此为拟稿时原样。《文苑英华》作“贞元十九年五月廿六日”；但祭文中说十二郎在“六月十七日”曾写信给韩愈，“五”字当误。

② 季父：父辈中排行最小的叔父。

③ 建中：人名，当为韩愈家中仆人。

④ 时羞：应时的美味。羞通“馐”。

⑤ 孤：幼年丧父称“孤”。《新唐书·韩愈传》：“愈生三岁而孤，随伯兄会贬官岭表。”

⑥ 怙（hù）：依仗。此处指父亲。

河阳①。既又与汝就食江南，零丁孤苦，未尝一日相离也。

吾上有三兄②，皆不幸早世，承先人③后者，在孙惟汝，在子惟吾，两世一身，形单影只。嫂尝抚汝指吾而言曰："韩氏两世，惟此而已！"汝时尤小，当不复记忆；吾时虽能记忆，亦未知其言之悲也！

吾年十九，始来京城。其后四年，而归视汝。又四年，吾往河阳省坟墓，遇汝从嫂丧来葬④。又二年，吾佐董丞相于汴州，汝来省吾。止一岁，请归取其孥⑤。明年，丞相薨⑥，吾去汴州，汝不

---

① 河阳：今河南孟州，是韩氏祖宗坟墓所在地。

② 吾上有三兄：三兄指韩会、韩介，还有一位死时尚幼，未及命名，一说：吾意为我们，即韩愈和十二郎。三兄指自己的两个哥哥和十二郎的哥哥韩百川（韩介的长子）。

③ 先人：指已去世的父亲韩仲卿。

④ 遇汝从嫂丧来葬：韩愈嫂子郑氏卒于贞元九年（793），韩愈有《祭郑夫人文》。贞元十一年，韩愈往河阳祖坟扫墓，与奉其母郑氏灵柩来河阳安葬的十二郎相遇。

⑤ 孥（nú）：家眷，妻子儿女。本指儿子。

⑥ 薨（hōng）：古时诸侯或二品以上大官死曰薨。贞元十五年（799）农历二月，宰相董晋死于汴州任所，韩愈随葬西行。去后第四天，汴州即发生兵变。

果来。是年，吾佐戎徐州[①]，使取汝者始行，吾又罢去，汝又不果来。吾念汝从于东，东亦客也，不可以久，图久远者，莫如西归，将成家而致汝。呜呼！孰谓汝遽去吾而殁乎？

吾与汝俱少年，以为虽暂相别，终当久相与处，故舍汝而旅食京师，以求斗斛[②]之禄。诚知其如此，虽万乘[③]之公相，吾不以一日辍汝而就也！

去年[④]，孟东野往，吾书与汝曰："吾年未四十，而视茫茫，而发苍苍，而齿牙动摇。念诸父与诸兄，皆康强而早世，如吾之衰者，其能久存乎？吾不可去，汝不肯来，恐旦暮死，而汝抱无涯之戚也。"孰谓少者殁而长者存，强者夭而

---

① 佐戎徐州：贞元十五年（799）秋，韩愈入徐、泗、濠节度使张建封幕任节度推官。节度使府在徐州。佐戎，辅助军务。

② 斗斛（hú）：十斗为一斛。斗斛之禄，指微薄的俸禄。韩愈离开徐州后，于贞元十七年（801）来长安选官，调四门博士，贞元十九年（803），迁监察御史。

③ 万乘（shèng）：指高官厚禄。古代兵车一乘，有马四匹。封国大小以兵赋计算，凡地方千里的大国，称为万乘之国。

④ 去年：指贞元十八年（802）。孟东野：即韩愈的诗友孟郊。是年出任溧阳（今属江苏）尉，溧阳去宣州不远，故韩愈托他捎信给宣州的十二郎。

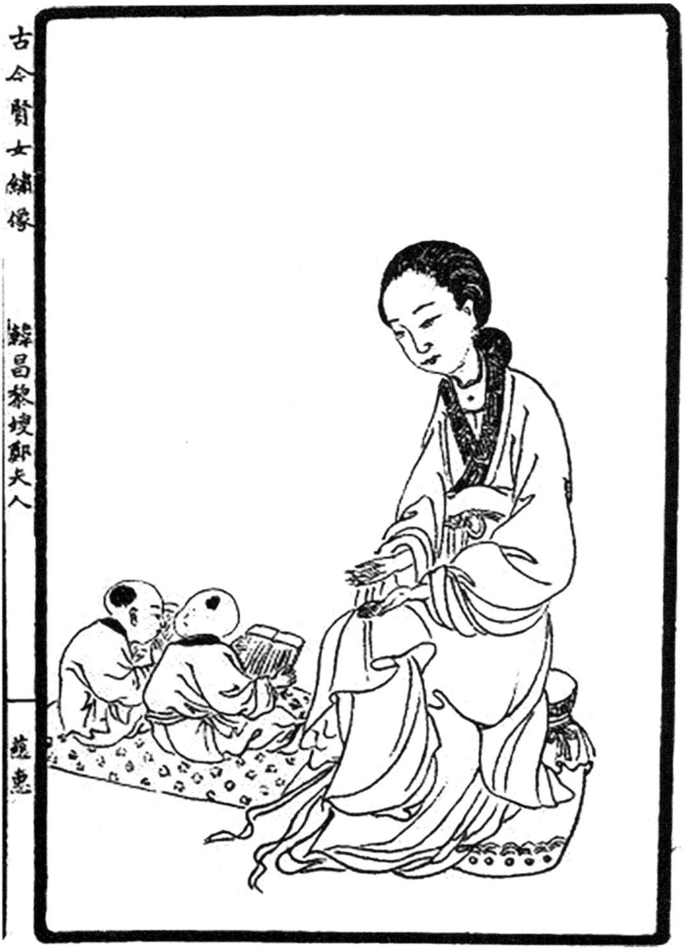

古今贤女绣像 韩昌黎嫂郑夫人

病者全乎？

呜呼！其信然邪？其梦邪？其传之非其真邪？信也，吾兄之盛德而夭其嗣乎？汝之纯明而不克蒙其泽乎？少者强者而夭殁，长者衰者而存全乎？未可以为信也！梦也，传之非其真也，东野之书，耿兰之报，何为而在吾侧也？

呜呼！其信然矣！吾兄之盛德而夭其嗣矣！汝之纯明宜业其家者，不克蒙其泽矣！所谓天者诚难测而神者诚难明矣！所谓理者不可推而寿者不可知矣！

虽然，吾自今年来，苍苍者或化而为白矣，动摇者或脱而落矣①，毛血日益衰，志气日益微，几何不从汝而死也！死而有知，其几何离？其无知，悲不几时而不悲者无穷期矣！

汝之子始十岁②，吾之子始五岁，少而强者

---

① 动摇者或脱而落矣：时年韩愈有《落齿》诗云："去年落一牙，今年落一齿。俄然落六七，落势殊未已。"

② 汝之子：十二郎有二子，长韩湘，次韩滂。韩滂出嗣十二郎的哥哥韩百川为子，见韩愈《韩滂墓志铭》。始十岁：当指长子韩湘。十岁，一本作"一岁"，则当指韩滂，滂生于贞元十八年（802）。

不可保，如此孩提者，又可冀其成立邪？呜呼哀哉！呜呼哀哉！

汝去年书云："比得软脚病[①]，往往而剧。"吾曰："是疾也，江南之人常常有之。"未始以为忧也。呜呼！其竟以此而殒其生乎？抑别有疾而致斯乎？

汝之书，六月十七日也；东野云："汝殁以六月二日。"耿兰之报无月日。盖东野之使者，不知问家人以月日；如耿兰之报，不知当言月日；东野与吾书，乃问使者，使者妄称以应之耳。其然乎？其不然乎？

今吾使建中祭汝，吊汝之孤与汝之乳母。彼有食可守以待终丧，则待终丧而取以来；如不能守以终丧，则遂取以来。其余奴婢，并令守汝丧。吾力能改葬，终葬汝于先人之兆，然后惟其所愿。

呜呼！汝病吾不知时，汝殁吾不知日，生不能相养以共居，殁不能抚汝以尽哀，敛[②]不凭其

---

① 比：近来。软脚病：即脚气病。

② 敛：同"殓（liàn）"。为死者更衣称小殓，尸体入棺材称大殓。

棺，窆[①]不临其穴。吾行负神明，而使汝夭；不孝不慈，而不能与汝相养以生，相守以死。一在天之涯，一在地之角，生而影不与吾形相依，死而魂不与吾梦相接。吾实为之，其又何尤！彼苍者天，曷其有极[②]！自今已往，吾其无意于人世矣！当求数顷之田于伊、颍[③]之上，以待余年，教吾子与汝子，幸其成；长[④]吾女与汝女，待其嫁，如此而已。呜呼！言有穷而情不可终，汝其知也邪！其不知也邪！呜呼哀哉！尚飨[⑤]！

题解

本文写于唐贞元十九年（803）。十二郎是指韩愈的侄子韩老成。韩愈早孤，由长嫂郑氏抚养成人，与侄子十二郎自幼相守，共历患难，感情深厚。成年后两人很少见面。韩愈写这篇文章时三十六岁，十二郎稍小一

① 窆（biǎn）：下葬。
② 彼苍者天，曷其有极：青苍的上天啊，我的痛苦哪有尽头？语本《诗经·唐风·鸨羽》：“悠悠苍天，曷其有极。”
③ 伊、颍（yǐng）：伊水和颍水，均在今河南境内。此指故乡。
④ 长（zhǎng）：养育。
⑤ 尚飨（xiǎng）：古代祭文结语用辞，意为希望死者享用祭品。

些，都正当人生的壮盛时期。不料十二郎竟先韩愈而死，对家族、亲情的悲痛回忆和自己与十二郎聚少离多的遗恨，顿时涌上韩愈笔端，凝成此篇血泪祭文。

作者简介

韩愈（768—824），字退之，河南河阳（今河南孟州）人，唐代杰出的文学家、思想家、政治家。自称“郡望昌黎”，世称“韩昌黎”。谥号文，又称“韩文公”。官至吏部侍郎，人称“韩吏部”。唐代古文运动的倡导者，被后人尊为“唐宋八大家”之首，有“文章巨公”和“百代文宗”之名。著有《韩昌黎集》等。

思考与练习

1. 祭文开头一节叙写身世、家世的不幸有什么作用？

2. 文章第七、八两段文字共用了三个“邪”字，四个“也”字，五个“矣”字，分别融入了作者什么感情？

3. 这篇课文抒情语句较多，情真意切，甚至是椎心泣血。请谈谈哪个地方深深触动了你的心灵？

对比阅读

《悼亡诗》（南朝梁·沈约）

《江城子·十年生死两茫茫》（北宋·苏轼）

鸣机夜课图记

蒋士铨

吾母姓钟氏，名令嘉，字守箴。出南昌名族，行九。幼与诸兄从先祖滋生公读书。十八归先府君[①]。时府君年四十余，任侠好客，乐施与，散数千金，囊箧萧然[②]，宾从[③]辄满座。吾母脱簪珥[④]，治酒浆，盘罍间未尝有俭色[⑤]。

越二载，生铨，家益落，历困苦穷乏人所不能堪者，吾母怡然无愁蹙状，戚党人争贤之。府

---

① 先府君：指作者已去世的父亲，名坚，字适园。

② 萧然：稀疏，虚空。

③ 宾从：宾客和仆从。

④ 簪珥（ěr）：发簪和耳饰。

⑤ 俭色：小气的样子。

归舟安稳图（蒋士铨一家小像） 清 华冠绘

君由是得复游燕、赵间[①]，而归吾母及铨，寄食外祖家。

铨四龄，母日授四子书[②]数句，苦儿幼不能执笔，乃镂竹枝为丝断之，诘屈[③]作波磔点画[④]，

① 燕、赵间：指现在的河北和山西一带。燕、赵，本是战国时两个国名，这里借称其地。

② 四子书：指《四书》（《论语》《孟子》《大学》《中庸》的合称），因为内容多记载孔子、孟子、曾子、子思等人的言行，故又称“四子书”。

③ 诘屈：曲折。

④ 波磔（zhé）点画：分别指汉字书法中的左撇、右捺、点、横竖等笔画。

合而成字，抱铨坐膝上教之。既识，即拆去。日训十字，明日令铨持竹丝合所识字，无误乃已。

至六龄，始令执笔学书。先外祖家素不润①，历年饥大凶②，益窘乏。时铨及小奴衣服冠履，皆出于母。母工纂绣组织③，凡所为女红④，令小奴携于市，人辄争购之；以是铨及小奴，无褴褛状。先外祖长身白髯，喜饮酒，酒酣，辄大声吟所作诗，令吾母指其疵。母每指一字，先外祖满引一觥⑤；数指之后，乃陶然捋须大笑，举觞⑥自呼曰："不意阿丈乃有此女！"既而摩铨顶曰："好儿子，尔他日何以报尔母！"铨稚不能答，投母怀，泪涔涔⑦下，母亦抱儿而悲。檐

① 润：宽裕。

② 大凶：大饥荒。

③ 工纂绣组织：擅长纺织刺绣。组织，指经纬相交，织作布帛。

④ 女红（gōng）：即女工，指妇女所作的纺织、刺绣、缝纫等事。这里指织绣出来的成品。

⑤ 满引一觥（gōng）：斟满一杯酒喝下。引，受。觥，古代用兽角制成的酒器。

⑥ 觞（shāng）：酒杯。

⑦ 涔（cén）涔：形容眼泪不断地流下。

风几烛，若愀然助人以哀者。记母教铨时，组绣绩纺之具，毕置左右，膝置书，令铨坐膝下读之。母手任操作，口授句读，咿唔之声，与轧轧相间。儿怠则少加夏楚[①]，旋复持儿泣曰："儿及此不学，我何以见汝父！"至夜分寒甚，母坐于床，拥被覆双足，解衣以胸温儿背，共铨朗诵之；读倦，睡母怀，俄而母摇铨曰："可以醒矣！"铨张目视母面，泪方纵横落，铨亦泣。少间，复令读，鸡鸣，卧焉。诸姨尝谓母曰："妹一儿也，何苦乃尔！"对曰："子众，可矣；儿一，不肖，妹何托焉？"

庚戌，外祖母病且笃，母侍之，凡汤药饮食，必亲尝之而后进，历四十昼夜，无倦容。外祖母濒危，泣曰："女本弱，今劳瘁过诸兄，惫矣。他日婿归，为我言：'我死无恨，恨不见女子成立。'其善诱之！"语讫而卒。母哀毁骨立，水浆不入口者七日。闾党姻娅[②]，一时咸以孝女称，

① 夏（jiǎ）楚：本是古代老师体罚学生的两种工具。这里指责打。

② 闾党姻娅（yà）：邻里亲戚。闾，古代居民二十五家为一闾。姻娅即姻亚，有婚姻关系的亲戚。娅即连襟，姊妹的丈夫之间互称。

至今弗衰也。

铨九龄，母授以《礼记》《周易》《毛诗》，皆成诵。暇更录唐宋人诗，教之为吟哦声。母与铨皆弱而多病。铨每病，母即抱铨行一室中，未尝寝。少痊，辄指壁间诗歌，教儿低吟之以为戏。母有病，铨则坐枕侧不去。母视铨，辄无言而悲，铨亦凄楚依恋。尝问曰："母有忧乎？"曰："然。""然则何以解忧？"曰："儿能背诵所读书，斯解也。"铨诵声琅琅然，争药鼎沸①，母微笑曰："病少差矣。"由是母有病，铨即持书诵于侧，而病辄能愈。

十岁，父归。

越一载，复携母及铨，偕游燕、赵、秦、魏、齐、梁、吴、楚间②。先府君苟有过，母必正色婉言规，或怒不听，则屏息；俟怒少解，复力争之，听而后止。先府君每决大狱③，母辄携儿立席前曰：

---

① 本句意为：读书声与罐里煎药的滚沸声争响。

② 一起游历了河北（燕）、山西（赵）、陕西（秦）、河南（魏、梁）、山东（齐）、江苏（吴）、湖南湖北（楚）一带地区。

③ 决大狱：审理重大案件。

机声夜课图　清　沙馥绘

“幸以此儿为念。”府君数颔之。先府君在客邸，督铨学甚急。稍怠，即怒而弃之，数日不及一言。吾母垂涕扑之，令跪读至熟乃已，未尝倦也。铨故不能荒于嬉，而母教亦是以益严。

又十载，归，卜居于鄱阳[①]。铨年且二十。明年娶妇张氏，母女视之，训以纺绩织纴事，一如教儿时。

铨年二十有二年，未尝去母前。以应童子试[②]，归铅山，母略无离别可怜之色。旋补弟子员[③]。

---

① 鄱（pó）阳：今江西鄱阳。

② 童子试：即童试。古代科举制度的一部分，是科举必走的第一步。

③ 弟子员：明清时县学的生员。补弟子员指考中秀才。

明年丁卯，食廪饩①，秋，荐于乡。归拜母，母色喜。依膝下廿日，遂北行。母念儿辄有诗，未一寄也。

明年落第，九月归。十二月，先府君即世，母哭濒死者十余次，自为文祭之，凡百余言，朴婉沉痛，闻者无亲疏老幼，皆呜咽失声。时行年四十有三也。

己巳，有南昌老画师游鄱阳，年八十余，白发垂耳，能图人状貌。铨延②之为母写小像，因以位置景物③请于母，且问："母何以行乐？当图之以为娱。"母愀然曰："呜呼！自为蒋氏妇，尝以不及奉舅姑盘匜④为恨，而处忧患哀恸间数十年，凡哭父、哭母，哭儿、哭女夭折，今且哭夫矣。未亡人欠一死耳，何乐为！"铨跪曰："虽然，母志有乐得未致者，请寄斯图也，可乎？"

---

① 廪（lǐn）饩（xì）：指科举时代由公家发给生员的膳食津贴。

② 延：邀请。

③ 位置景物：安排画中的背景。位置，布置。

④ 赶不上侍候公婆（指嫁过去时公婆已去世）。盘匜（yí）：盛水洗涤的器具，此处泛指日常用具。

母曰："苟吾儿及新妇能习于勤，不亦可乎？鸣机课夜，老妇之愿足矣，乐何有焉？"铨于是退而语画师。乃图秋夜之景，虚堂四敞，一灯荧荧，高梧萧疏，影落檐际，堂中列一机，画吾母坐而织之，妇执纺车坐母侧；檐底横列一几，剪烛自照，凭画栏而读者，则铨也。阶下假山一，砌花盆兰，婀娜相倚，动摇于微风凉月中，其童子蹲树根捕促织为戏，及垂短发、持羽扇、煮茶石上者，则奴子阿童、小婢阿昭。图成，母视之而欢。铨谨按吾母生平勤劳，为之略，以进求诸大人先生之立言而与人为善者[1]。

题　解

本文为清代著名诗人蒋士铨所作的一篇散文，选自蒋士铨《忠雅堂集》。作者年幼时，其父官游在外，全赖母亲教养。母亲一边勤作女红，一边教他读书。蒋士铨长大成人，感念母亲辛劳，请老画师为其母画像，图成，

---

① 本句意为：我只是把母亲生平勤劳的概况记下来，为的是进而请求那些著书立说并乐于鼓励人们为善的大人先生凭此写出正式的文章来。立言：著书立说。

题为“鸣机夜课图”，并作本文，详细记录了作图原因及过程。

作者简介

蒋士铨（1725—1784），字心余、苕生，号藏园，又号清容居士，铅山（今属江西）人，清代诗人。乾隆二十二年（1757）进士，官翰林院编修。辞官后曾主持蕺山、崇文、安定三书院讲席。蒋士铨是乾嘉时期重要诗人，与袁枚、赵翼并称“乾隆三大家”。蒋士铨的词与戏曲亦属名家。著有《忠雅堂集》《红雪楼九种曲》等。

思考与练习

1. 本文选择的事件，主要描写了蒋母钟氏的哪些方面？

2. 蒋母严于教子的做法，与孟子关于“天将降大任于是人”的观点是相通的，你赞成这样的做法吗？为什么？

对比阅读

《泷冈阡表》（北宋・欧阳修）

《我的母亲》（胡适）

先妣[①]事略

归有光

先妣周孺人[②]，弘治[③]元年二月十一日生。年十六，来归[④]。逾年，生女淑静。淑静者，大姊也。期[⑤]而生有光。又期而生女、子，殇[⑥]一人，期而不育[⑦]者一人。又逾年，生有尚，妊十二月。逾年生淑顺，一岁又生有功。有功之生也，孺人

---

① 先妣（bǐ）：亡母。

② 孺人：明清时七品官的母亲或妻子的封号。这里通用为妇人的尊称。

③ 弘治：明孝宗年号（1488—1505）。

④ 归：女子出嫁。

⑤ 期（jī）：一周年。

⑥ 殇（shāng）：夭折。

⑦ 不育：指流产。

人物 清 吴友如绘

比乳他子加健。然数颦蹙顾诸婢曰："吾为多子苦！"老妪以杯水盛二螺[①]进曰："饮此后，妊不数矣。"孺人举之尽，喑不能言。

正德[②]八年五月二十三日，孺人卒。诸儿见家人泣，则随之泣，然犹以为母寝也。伤哉！于是家人延画工画，出二子命之曰："鼻以上画有光，鼻以下画大姊。"以二子肖母也。

孺人讳桂。外曾祖讳明；外祖讳行，太学生[③]；母何氏。世居吴家桥，去县城东南三十里，

① 民间俗传田螺可以避孕，并无科学道理。

② 正德：明武宗年号（1506—1521）。

③ 太学生：科举时代在国子监就读的学生。

由千墩浦而南，直桥并小港以东，居人环聚，尽周氏也。外祖与其三兄皆以资雄，敦尚简实，与人姁姁[①]说村中语，见子、弟、甥、侄无不爱。

孺人之吴家桥，则治木棉。入城，则缉纑[②]，灯火荧荧，每至夜分。外祖不二日，使人问遗。孺人不忧米盐，乃劳苦若不谋夕。冬月，炉火炭屑，使婢子为团，累累暴阶下。室靡弃物，家无闲人。儿女大者攀衣，小者乳抱，手中纫缀不辍，户内洒然[③]。遇童仆有恩，虽至棰楚，皆不忍有后言。吴家桥岁致鱼、蟹、饼饵，率人人得食。家中人闻吴家桥人至，皆喜。

有光七岁，与从兄有嘉入学。每阴风细雨，从兄辄留，有光意恋恋，不得留也。孺人中夜觉寝，促有光暗诵《孝经》，即熟读，无一字龃龉[④]，乃喜。

孺人卒，母何孺人亦卒。周氏家有羊狗之疴[⑤]，

---

① 姁（xū）姁：喜悦自得的样子。

② 缉纑（lú）：绩麻，把麻搓成线。

③ 洒然：欣然欢快的样子。

④ 龃（jǔ）龉（yǔ）：差错。

⑤ 羊狗之疴：一种急性传染病的俗名。

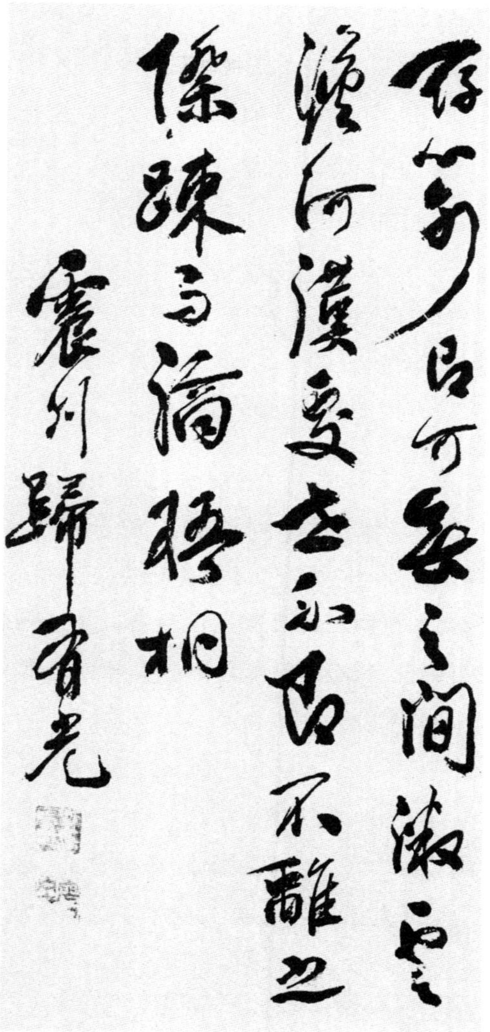

归有光书法

舅母卒；四姨归顾氏，又卒，死三十人而定；惟外祖与二舅存。

孺人死十一年，大姊归王三接，孺人所许聘者也。十二年，有光补学官弟子[①]。十六年而有妇，孺人所聘者也。期而抱女，抚爱之，益念孺人。中夜与其妇泣，追惟一二，仿佛如昨，余则茫然矣。世乃有无母之人，天乎痛哉！

题 解

本文是明代散文家归有光追忆亡母的一篇记叙文，选自《震川先生集》。文章蕴含着对母亲深沉的悼念之情，感怀母亲短暂而艰辛的一生，歌颂母亲朴实而崇高的品德。作者拾取母亲生前的一些日常生活琐事，絮絮道来，刻画了一位勤劳俭朴、待人厚道、严以教子的母亲形象，寓歌颂赞美于叙事之中。

作者简介

归有光（1507—1571），字熙甫，别号震川，又号项脊生，世称“震川先生”。昆山（今江苏昆山）人，

---

①学官弟子：科举时代初入学的称学官弟子，亦称生员。

明代著名散文家。嘉靖四十四年（1565）进士，历长兴知县、顺德通判、南京太仆寺丞，故称“归太仆”。参与编修《世宗实录》。崇尚唐宋古文，其散文风格朴实，是明代“唐宋派”代表作家，与唐顺之、王慎中并称为“嘉靖三大家”。著有《震川先生集》《三吴水利录》等。

思考与练习

1. 这是一篇追忆亡母的传状文字，但与一般的传记、行状写法不同。名为“事略”，而所记之事，却相当之细。作者幼年丧母，所忆有限，文中所记多为家人所述，但作者抓住这些琐事，写出了亡母的性格特点，也流露出对亡母的无限思念。试就本文的写作特点分析一二。

2. 旧时传统社会中的妇女，为什么常以多子为苦？

对比阅读

《礼记·表记》

《思母》（元·与恭）

祭夫徐敬业文

刘令娴

维梁大同五年[①]，新妇[②]谨荐少牢[③]于徐府君之灵曰：惟君德咸[④]礼智，才兼文雅。学比山成，辨同河泻[⑤]。明经擢秀[⑥]，光朝振野。调逸许中[⑦]，

---

① 大同五年：公元 539 年。大同是梁武帝的年号（535—545）。

② 新妇：古代已婚妇女自谦之词。

③ 荐：献。少牢：古代祭祀，屠宰一牛、一猪、一羊称作太牢。只用猪、羊称作少牢。

④ 爰：及。

⑤ 辨：通“辩”。

⑥ 明经：南北朝举荐选拔人才的科目之一，以通晓经术为选拔标准。擢秀：用来比喻人才突出。

⑦ 许中：指许昌，今河南许昌，汉魏曾为都城，人才荟萃。

声高洛下[①]。含潘度陆[②]，超终迈贾[③]。二仪既肇[④]，判合始分。简贤依德，乃隶夫君。外治徒举，内佐无闻。幸移蓬性[⑤]，颇习兰薰[⑥]。式传琴瑟[⑦]，相酬典坟[⑧]。辅仁难验，神情易促。雹碎春红，霜凋夏绿。躬奉正衾，亲观启足。一见无期，百身何赎。呜呼哀哉！生死虽殊，情亲犹一。敢遵先好，手调姜橘[⑨]。素俎空干，奠觞徒溢。昔奉齐眉，异于今日。从军暂别，且思楼中。薄游未反[⑩]，尚比飞蓬。如当永诀，永痛无穷。百年何几？泉穴[⑪]方同。

---

① 洛下：指洛阳，东汉和西晋等朝代的都城。

② 潘：西晋潘岳。陆：西晋陆机。著名诗人，并称“潘江陆海”。

③ 终：西汉终军。贾：西汉贾谊。两人皆早成，后人常用“终、贾”指年少有才的人。

④ 二仪：指阴阳。肇：开始。

⑤ 蓬性：喻卑贱的性情。

⑥ 兰薰：兰之馨香，喻美好的德行。

⑦ 琴瑟：比喻夫妻感情和谐。

⑧ 典坟：相传古代经典有“三坟五典”，此处借指典籍书卷，谓夫妻以诗文唱酬。

⑨ 姜橘：均为调味品，这里指祭品。

⑩ 薄游：为薄禄而宦游在外。反：通“返”，返回。

⑪ 泉穴：指墓穴。《诗经·王风·大车》：“死则同穴。”

题 解

本文选自《艺文类聚》。徐悱，字敬业，任梁太子洗马，仆射徐勉之子。公元524年徐悱死，其妻刘令娴作本文，辞意凄惋，留下“令名士搁笔”的美谈。

作者简介

刘令娴，生卒年不详，约梁武帝六年（525）前后在世，彭城（今江苏徐州）人。齐代大司马从事中郎刘绘之女，梁代文学家刘孝绰第三妹，世称“刘三娘”。原有文集六卷，已佚。存有《答外诗》《听百舌》等诗作。

思考与练习

1. 通过阅读本文，试品鉴六朝文对仗工整、辞藻典雅、多用典故的特色。

2. 这是一篇追忆亡夫的文字，情真意切，感人至深。试谈谈本文如何通过描写亡夫以表达作者的思念之情？

对比阅读

《诗经·唐风·葛生》

《悼亡》（明·商景兰）

第四单元

苟利国家　生死以之

苟利社稷，死生以之，且吾闻为善者不改其度，故能有济也。

——《左传》

儒有内称不避亲，外举不避怨。程功积事不求厚禄，推贤达能不望其报，君得其志，民赖其德。苟利国家，不求富贵。

——《孔子家语》

本单元主要展示仁人志士在国家危难之时英勇智慧的行为。这些选文，咏古人之抑扬文字，感先贤之浩然正气，培中华之爱国情操，展示匹夫当有为的责任意识和临危不惧的忠义精神。责任、忠诚、爱国是中华仁人志士所追求和咏叹的主旋律，也是中华文明经历无数灾难仍未中断的根本原因。

马援传

范　晔

马援，字文渊，扶风茂陵[①]人也。年十二而孤，少有大志。尝受齐诗[②]，意不能守章句[③]，乃辞其兄况，欲就边郡田牧。况曰："汝大器，当晚成。良工不示人以朴[④]，且从所好[⑤]。"

后为郡督邮[⑥]，送囚至司命[⑦]府，囚有重罪，

---

① 扶风：汉代政区名，在今陕西凤翔等地。茂陵：汉代县名，汉武帝陵墓所在地，在今陕西兴平。

② 齐诗：汉代传授今文经学《诗经》有鲁、齐、韩三家。马援跟随蒲昌学习齐诗。

③ 守章句：拘泥于分析文章的章节与句读。

④ 朴：未经加工的原料，比喻人有良好的资质但未经学习修养。

⑤ 从所好：听从你的请求。

⑥ 督邮：官名，汉朝时设置，辅佐郡守的属吏，负责监督、视察附属县的违法之事。

⑦ 司命：王莽时设置司命官，负责纠察太傅以下的官员。

援哀而纵之，遂亡命北地[①]。遇赦，因留居牧畜。宾客多归附者，遂役属数百家，转游陇、汉[②]间。常谓宾客曰：“大丈夫穷当益坚，老当益壮。”因处田牧，至有牛、马、羊数千头，谷数万斛。既而叹曰：“凡殖货财产，贵其能施赈也。否则守财虏耳。”乃尽散以班[③]昆弟、故旧。

王莽末，四方兵起，援避地凉州，隗嚣[④]甚敬重之，以为绥德将军，与决筹策。是时公孙述[⑤]称帝于蜀，嚣使援往观之。

援与述素同里閈[⑥]，相善；以为既至，当握手欢如平生，而述盛陈陛卫[⑦]以延援入，交拜礼毕，使出就馆。更为援制都布单衣[⑧]、交让

---

① 北地：郡名，约在今陕西、甘肃、宁夏一带。

② 陇：指陇西郡，约今甘肃一带。汉：指汉中郡，约今陕西一带。

③ 班：分给。

④ 隗（wěi）嚣：字季孟，天水成纪（今甘肃秦安）人。王莽末年，占据陇西。最初归附更始帝，不久又归属光武帝，后来叛附公孙述，最终逃归陇西，忿恨而死。

⑤ 公孙述：字子阳，扶风茂陵（今陕西兴平）人，两汉之交割据益州称帝，国号“成家”，后为汉光武帝派吴汉伐灭，全族被诛。

⑥ 同里閈（hàn）：同乡。閈，里巷的门。

⑦ 陛卫：皇帝身边的卫士。

⑧ 都布：又名都致，一种粗厚的布料。单衣：即禅衣，单层的衣服。

冠[1]，会百官于宗庙中，立旧交之位。述鸾旗旄骑[2]，警跸[3]就车，磬折[4]而入；礼飨官属甚盛。欲授援以封侯大将军位。宾客皆乐援留，援晓之曰："天下雌雄未定，公孙不吐哺[5]走迎国士，与图成败，反修饰边幅[6]，如偶人形。此子何足久稽[7]天下士乎？"因辞归。谓嚣曰："子阳，井底蛙耳。"

援归汉后，屡立战功。建武[8]十九年平交趾[9]之乱，封新息侯，食邑三千户。

---

① 交让冠：古代冠名。

② 鸾旗：皇帝仪仗中的旗帜，绣有鸾鸟。旄骑：旄头之骑，皇帝仪仗中充当先驱的骑兵。旄，装饰牦牛尾的旗子。

③ 警跸（bì）：指皇帝出入时，于所经路途侍卫警戒，清道止行。警戒为警，清道为跸。

④ 磬折：弯腰如磬之形状，形容非常恭敬。磬，古代打击乐器，形如曲尺，玉石制成，可悬挂敲击。

⑤ 吐哺：比喻渴求贤才，谦恭下士。出自"周公吐哺"典故。哺，口里含着的食物。

⑥ 修饰边幅：注重衣着和仪表。边幅，本指布帛的边缘。

⑦ 稽：留住。

⑧ 建武：汉光武帝年号（25—56）。

⑨ 交趾：郡名，为今越南北部。交趾叛乱，攻掠了岭外六十余座城池，最后被马援讨平。

援自交趾还，故人多迎劳之。平陵[①]人孟冀于坐贺援，援谓之曰：“吾望子有善言，反同众人耶？昔路博德[②]开置九郡，裁[③]封数百户。今我微劳，猥飨大县，功薄赏厚，何以能长久乎？先生奚用相济？”冀曰：“愚不及。”援曰：“方今匈奴、乌桓[④]，尚扰北边，欲自请击之。男儿当死于边野，以马革裹尸还葬耳；何能卧床上死儿女子手中耶！”还月余，匈奴、乌桓入寇，援请行。许之。将三千骑出塞，乌桓候者见汉军至，散去，援无所得而还。

建武二十四年，武陵五溪蛮[⑤]叛。援复请行。时年六十二，光武帝悯其老，不许。援自请曰：“臣尚能披甲上马。”帝令试之。援据鞍顾眄[⑥]，以

---

① 平陵：汉代县名，属右扶风，故地在今陕西兴平。

② 路博德：西河平州（今山西离石）人，西汉武帝时名将。

③ 裁：通“才”。

④ 乌桓：中国古代民族名，原为东胡一支。西汉初为匈奴所灭，余下族人退居乌桓山（在今内蒙），因以为族号。

⑤ 武陵五溪蛮：武陵为汉代郡名，今湘西、鄂西南等地区。其中有五条溪，即雄溪、樠溪、酉溪、潕溪、辰溪，为少数民族聚居地。

⑥ 顾眄（miǎn）：回头看。

示可用。帝笑曰："矍铄哉，是翁也！"遂遣援率四万余人征五溪。援夜与送者诀，谓友人杜愔①曰："吾受厚恩，年迫，余日索②，常恐不得死国事；今获所愿，甘心瞑目矣。"明年，军至五溪，援竟中暑卒。

援为人明须发，眉目如画。娴于进退，尤善述前世行事，每言及，三辅长者，下至闾里少年，皆可观听。自皇太子、诸王侍，闻者莫不属耳忘倦。又善兵策，帝常言"伏波③论兵，与我意合，每有所谋，未尝不用"云。

题　解

本文节录自《后汉书·马援传》，略有删改。马援，是东汉开国功臣之一，后因功累官伏波将军，封新息侯。本文通过马援生平的几个具体事件，展现了其传奇的一生，刻画了马援看轻钱财、见识高远、不慕虚名、骁勇善战等优秀品质，彰显出马援"老当益壮""马革裹尸"

---

① 杜愔（yīn）：人名，生平不详。

② 索：尽。

③ 伏波：马援出征交趾时，官至伏波将军。伏波将军是古代一种封号，"伏波"意为降伏波涛。这里代指马援。

的英雄气概。

作者简介

范晔（398—445），字蔚宗，顺阳（今河南南阳）人，南朝宋时期史学家、文学家。范晔出身士族，善文，通音律，工书法。后获罪被诛。著有《后汉书》等。

《后汉书》是一部记载东汉历史的纪传体史书，主要记述了上起汉光武帝刘秀建武元年（25），下至汉献帝建安二十五年（220）共196年的历史，与《史记》《汉书》《三国志》并称“前四史”。

思考与练习

1. 马援戎马一生，精忠报国。请依据本文，概述马援的人物形象。

2. 本文语言精练，感情充沛。请结合文中具体内容，分析文章的艺术特色。

对比阅读

《汉书·卫青霍去病传》（东汉·班固）

《汉书·苏武传》（东汉·班固）

《后汉书·班超传》（南朝宋·范晔）

观巴黎油画记

薛福成

光绪十六年春闰二月甲子，余游巴黎蜡人馆。见所制蜡人，悉仿生人，形体态度，发肤颜色，长短丰瘠，无不毕肖。自王公卿相以至工艺杂流，凡有名者，往往留像于馆。或立，或卧，或坐，或俯，或笑，或哭，骤视之，无不惊为生人者。余亟[1]叹其技之奇妙。

译者称："西人绝技，尤莫逾油画，盍驰往油画院，一观普法交战图乎？"其法为一大圜室[2]，以巨幅悬之四壁，由屋顶放光明入室。人在室中，极目四望，则见城堡、冈峦、溪涧、树林，

---

① 亟（qì）：常常。

② 圜（yuán）室：圆形屋子。

森然布立；两军人马杂遝[1]驰者、伏者、奔者、追者、开枪者、燃炮者、搴[2]大旗者、挽炮车者，络绎[3]相属。每一巨弹堕地，则火光迸裂，烟焰迷漫；其被轰击者，则断壁危楼，或黔[4]其庐，或赭[5]其垣。而军士之折臂断足、血流殷[6]地、偃仰僵仆者，令人目不忍睹。仰视天，则明月斜挂，云霞掩映；俯视地，则绿草如茵，川原无际。几自疑身外即战场，而忘其在一室中者。迨以手扪之，始知其为壁也、画也，皆幻也。

余闻法人好胜，何以自绘败状，令人丧气若此？译者曰："所以昭炯戒[7]，激众愤、图报复也。"则其意深长矣。

---

① 杂遝（tà）：同"杂沓"，杂多纷乱的样子。

② 搴（qiān）：高举。

③ 络绎：接连不断。

④ 黔（qián）：黑色。

⑤ 赭（zhě）：红色。

⑥ 殷（yān）：赤带黑色。

⑦ 炯戒：明显的警戒。

题解

本文是清人薛福成出使西欧，参观巴黎油画院，观看法国名画《普法交战图》时的有感之作，故以“记”记之。作者意欲谴责当时腐败的“大清帝国”屡战屡败、屈服于列强的软弱无能，暗示国人也迫切需要有这种自我反省、发愤图强的精神，启示同胞们应从深重的国难中吸取教训，痛定思痛，图报负，雪国耻。

作者简介

薛福成（1838—1894），字叔耘，号庸庵，江苏无锡人，近代散文家、外交家。洋务运动倡议者、领导者之一，曾多年为曾国藩、李鸿章幕僚，其政论对近代政治历史影响重大。著有《筹洋刍议》《出使日记》等。

思考与练习

1. 文中两次引用了译者的话，其作用分别是什么？

2. 结合相关的历史背景分析，作者写作此文除了赞颂法国人不忘国耻，奋发图强的精神外，是否还有其他用意？

对比阅读

《道士塔》（余秋雨）

《哭泣的圆明园》（张晓惠）

卫鞅变法强秦

司马迁

孝公[①]既用卫鞅，鞅欲变法，恐天下议己[②]。卫鞅曰："疑行无名，疑事无功。且夫有高人之行者，固见非于世；有独知之虑者，必见敖[③]于民。愚者闇[④]于成事，知者见于未萌。民不可与虑始而可与乐成，论至德者不和于俗；成大功者不谋于众。是以圣人苟可以强国，不法其故[⑤]；苟可以利民，不循其礼。"孝公曰："善。"

---

① 孝公：秦献公之子，名渠梁。用卫鞅而国强；后世遂得并吞六国。在位二十四年。

② 言孝公恐天下议己。

③ 敖：通"傲"，傲慢。

④ 闇（àn）：昏昧，糊涂。

⑤ 故：旧事，成例。

甘龙[1]曰："不然，圣人不易民而教，知者不变法而治。因民而教，不劳而成功；缘法而治者，吏习而民安之。"卫鞅曰："龙之所言，世俗之言也。常人安于故俗，学者溺于所闻。以此两者居官守法可也，非所与论于法之外也。三代不同礼而王，五伯不同法而霸。智者作法，愚者制焉；贤者更礼，不肖者拘焉[2]。"杜挚[3]曰："利不百，不变法；功不十，不易器。法古无过，循礼无邪。"卫鞅曰："治世不一道，便国不法古。故汤、武不循古而王，夏、殷不易礼而亡[4]；反古者不可非，而循礼者不足多。"孝公曰："善。"以卫鞅为左庶长[5]，卒定变法之令。

令既具，未布，恐民之不信，已乃立三丈之木于国都市南门，募民有能徙置北门者予十金。民怪之，莫敢徙。复曰："能徙者予五十金。"

① 甘龙：秦臣名。

② 言贤智作法更礼，愚不肖不明变通，辄拘制不使行。

③ 杜挚：秦臣名。

④ 言夏桀、商纣并未易礼而亦亡国。

⑤ 庶长：秦官，言为众列之长；后秦制武爵以赏功，左庶长为其第十级，十一级曰右庶长。

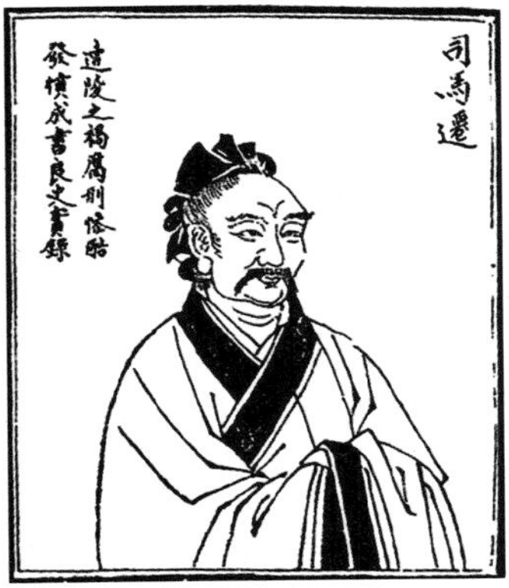

司马迁像

有一人徙之，辄予五十金，以明不欺。卒下令。

令行于民期年，秦民之国都言初令[①]之不便者以千数。于是太子[②]犯法。卫鞅曰："法之不行，自上犯之。"将法太子。太子，君嗣也，不可施刑，刑其傅公子虔，黥[③]其师公孙贾。明日秦人皆趋[④]令。行之十年，秦民大说，道不拾遗，山无盗贼，家给人足，民勇于公战，怯于私斗，乡邑大治。

---

① 初令：指新变之法令。

② 太子：孝公之子，名驷，孝公卒后即位，即秦惠文王，在位二十七年。

③ 黥（qíng）：在人体上刺刻花纹，并涂上颜料。这里特指墨刑，用刀刺刻犯人的面额，再涂上墨。

④ 趋：遵行。

题解

本文选自《史记·商君列传》，有删节，题目为原编者所加。秦孝公即位以后，为了寻求改革贤才，上任伊始，就下令："宾客群臣有能出奇计强秦者，吾且尊官，与之分土。"当时在魏国得不到重用的商鞅"闻是令下"，西入秦国求见孝公。商鞅针对秦国的现状提出了一系列的改革措施，深得秦孝公的信任。实施变法第一步便是取信于民，"南门立木"拉开了商鞅变法的大幕，使秦国的经济得到发展，军队战斗力不断加强，最后发展成为战国最富强的诸侯国，为秦国后期的大一统局面，打下了坚实的基础。

作者简介

司马迁（前 145—？），字子长，左冯翊夏阳（今陕西韩城）人，西汉史学家、文学家。任太史令，因替投降匈奴的李陵辩解，被处腐刑，后任中书令。著有中国第一部纪传体通史《史记》（原名《太史公书》）。《史记》被公认为中国史书的典范，"究天人之际，通古今之变，成一家之言"。该书记载了从上古传说中的黄帝时期，到汉武帝元狩元年（前 122），长达 3000 多年的历史，是"二十四史"之首。司马迁被后世尊称为史迁、太史公。

思考与练习

1. 成语“南门立木”和“徙木立信”就出自这篇文章，卫鞅用事实表明执行新法令的决心。你从中获得什么启示？

2. 卫鞅说道：“治世不一道，便国不法古。故汤、武不循古而王，夏、殷不易礼而亡；反古者不可非，而循礼者不足多。”这段话体现了卫鞅什么思想？你赞同卫鞅的说法吗？

对比阅读

《战国策·范雎说秦王》

《战国策·张仪说秦王》

郑子家与赵宣子书[1]

《左传》

晋侯蒐于黄父[2]，遂复合诸侯于扈[3]，平宋也。公不与会，齐难故也。书曰诸侯，无功也。于是晋侯不见郑伯[4]，以为贰于楚也。郑子家使执讯[5]而与之书，以告赵宣子曰："寡君即位三年，召蔡侯而与之事君，九月，蔡侯入于敝邑[6]

---

① 子家：郑国公子，大夫。赵宣子：晋国卿大夫赵盾，晋国执政大臣。

② 晋侯：指晋国国君晋灵公。蒐（sōu）：春季或秋季打猎。黄父：地名，晋地。

③ 扈：郑国城邑，在今河南原阳。

④ 郑伯：指郑国国君郑穆公。

⑤ 执讯：掌管通讯联络的官员。

⑥ 敝邑：对别人称自己国家时的谦称。

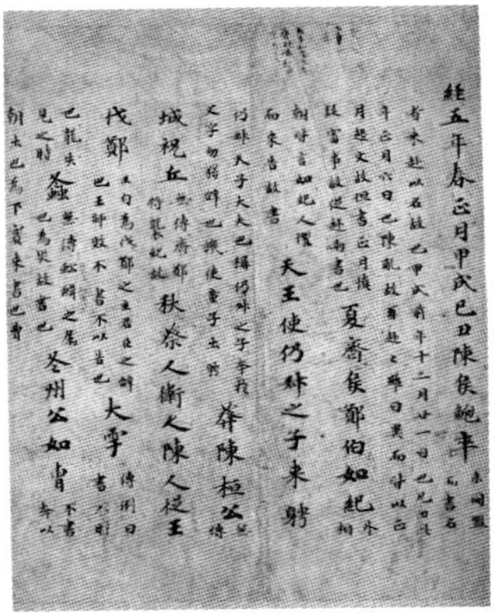

《春秋经传集解》书影
日藏唐钞本

以行，敝邑以侯宣多[1]之难，寡君[2]是以不得与蔡侯偕。十一月，克减[3]侯宣多，而随蔡侯以朝于执事。十二年六月，归生[4]佐寡君之嫡夷[5]，以请陈侯[6]于楚，而朝诸君。十四年七月，寡君又朝，以蒇[7]陈事。十五年五月，陈侯自敝邑往朝于君。

---

① 侯宣多：郑国大夫，专权作乱。

② 寡君：人臣对别国称呼自己国君的谦称。

③ 克减：稍稍压制。

④ 归生：即子家之名。

⑤ 夷：郑国太子。

⑥ 陈侯：陈国君主共公，名朔。

⑦ 蒇（chǎn）：完成。

往年正月，烛之武[1]往朝夷也。八月，寡君又往朝。以陈、蔡之密迩[2]于楚，而不敢贰焉，则敝邑之故也。虽敝邑之事君，何以不免？在位之中，一朝于襄[3]，而再[4]见于君，夷与孤之二三臣，相及于绛[5]。虽我小国，则蔑[6]以过之矣。今大国曰：'尔未逞[7]吾志。'敝邑有亡，无以加焉。古人有言曰：'畏首畏尾，身其余几？'又曰：'鹿死不择音[8]。'小国之事大国也，德，则其人也；不德，则其鹿也。铤[9]而走险，急何能择？命之罔极，亦知亡矣。将悉敝赋以待于鯈[10]，唯执事

---

①烛之武：名武，郑国烛地人。曾于秦、晋攻郑时夜见秦伯游说，智退秦师。

②密迩（ěr）：紧密靠近。

③一朝于襄：朝见过晋襄公一次。

④再：两次。

⑤绛：晋国都城，在今山西新绛。

⑥蔑：无，没有。

⑦逞：实现。

⑧音：通"荫"，引申为庇护。这里指郑国如果被逼得走投无路，只好寻找别的庇护了。

⑨铤（tǐng）：快跑的样子。

⑩鯈（tiáo）：地名，晋、郑交界边境。

命之。文公二年六月壬申，朝于齐；四年二月壬戌，为齐侵蔡，亦获成[1]于楚。居大国之间而从于强令，岂其罪也？大国若弗图，无所逃命。”

题 解

本文选自《左传·鲁文公十七年》，主体部分是郑国执政大臣子家写给晋国的一封外交文书。郑国地处晋国、楚国二强之间，对双方都毕恭毕敬以求生存，而仅依附任何一方都是有害的。晋国不满意郑国的首鼠两端，认为其有二心而没会见郑穆公。在此艰难处境下，子家写下本文，通过罗列史实来证明郑对晋的忠诚，表达听从楚国的无奈。同时又委婉警告晋国，如果将郑国逼入绝境，后果将对晋国不利。这是一篇优秀的外交辞令，最终令晋国审时度势，改变策略，与郑国结盟。

作者简介

《左传》是中国现存第一部叙事详细的编年体史书，相传是鲁国太史左丘明编撰。又名《左氏春秋》《春秋左氏传》，共三十五卷，记载了自鲁隐公元年（前722）至鲁哀公二十七年（前468）之间东周各国政治、

① 成：讲和修好。

经济、军事、外交和文化方面的重要事件和重要人物。一般认为是为《春秋》做注解，与《公羊传》《穀梁传》合称“春秋三传”，并作为儒家经典列入十三经。左丘明（约前566—约前451），姓姜，氏丘，名明，是春秋战国时期著名史学家，相传还撰有《国语》。

思考与练习

1. 请认真阅读文章，分别从事、理、情的角度分析郑子家的措辞特点。

2. 文中提到的烛之武，有“退秦师”之壮举，请查阅资料，结合此文进行对比，分析两文说辞的异同点。

对比阅读

《左传·烛之武退秦师》

《战国策·邹忌讽齐王纳谏》

弦高犒师

《左传》

春，秦师过周北门，左右免胄[①]而下，超乘[②]者三百乘。王孙满尚幼，观之，言于王曰：“秦师轻而无礼，必败。轻则寡谋，无礼则脱[③]。入险而脱，又不能谋，能无败乎？”

及滑，郑商人弦高将市于周，遇之。以乘韦[④]先，牛十二犒师，曰：“寡君闻吾子将步师出于敝邑，敢犒从者。不腆[⑤]敝邑，为从者之

---

①免胄：免，脱；胄，兜鍪，古代作战时用的头盔。

②超乘：跳跃上车，用来展示其勇猛。

③脱：疏忽轻慢。

④乘（shèng）韦：四张熟牛皮。

⑤腆（tiǎn）：丰厚。

淹[1]，居则具一日之积，行则备一夕之卫。”且使遽[2]告于郑。

郑穆公使视客馆，则束载、厉兵、秣[3]马矣。使皇武子辞焉，曰：“吾子淹久于敝邑，唯是脯资饩牵[4]竭矣。为吾子之将行也，郑之有原圃，犹秦之有具囿[5]也。吾子取其麋鹿以闲[6]敝邑，若何？”杞子奔齐，逢孙、杨孙奔宋。

孟明曰：“郑有备矣，不可冀也。攻之不克，围之不继，吾其还也。”灭滑而还。

题解

本文节选自《左传·僖公三十三年》，题目为原编者所加。“弦高犒师”是《左传》“殽之战”中的重要一环，《吕氏春秋》《史记》《淮南子》等文献对于弦高此举都有记载，弦高的胆识、气魄和谋略在此文中

---

① 淹：久留。
② 遽（jù）：传车，轻车，送信快车。
③ 秣（mò）：用饲料喂（马）。
④ 脯资饩（xì）牵：粮食。脯，熟肉；资，粮食；饩牵，活牲畜。
⑤ 具囿（yòu）：与上文“原圃”皆为园林名。
⑥ 闲：得闲暇，休息。

尽显无遗。

作者简介

见本单元《郑子家与赵宣子书》。

思考与练习

1. 开篇引用王孙满的判断有何用意？下文哪些细节描写可以印证他的判断？

2. 文章主要是通过什么方法刻画弦高的？

对比阅读

《左传·曹刿论战》

《史记·孙子吴起列传·孙膑减灶》（西汉·司马迁）

第五单元

碧血丹心　光照千秋

桃花红雨英雄血，碧海丹霞志士心。

——赵朴初《龙华烈士陵园》

国破尚如此，我何惜此头。

——吉鸿昌《就义诗》

本单元选文以英雄人物的壮烈事迹为主，旨在弘扬烈士精神，缅怀烈士功绩，激发爱国热情，增强中华民族的凝聚力。这四篇选文都描写了前线将士的英雄气概和爱国精神，对雪洗国耻寄予厚望，抒发了作者热爱祖国的高尚感情。

国　殇

屈　原

操吴戈兮被犀甲，车错毂[①]兮短兵接。旌蔽日兮敌若云，矢交坠兮士争先。凌余阵兮躐[②]余行，左骖殪[③]兮右刃伤。霾[④]两轮兮絷[⑤]四马，援玉枹[⑥]兮击鸣鼓。天时怼兮威灵怒，严杀尽兮弃原野[⑦]。

---

① 毂（gǔ）：车轮中心的圆木，与车辐和轴相连。

② 躐（liè）：超越。

③ 骖（cān）：马车的两边马匹。殪（yì）：杀死。

④ 霾：通“埋”。

⑤ 絷（zhí）：用缰绳牵住。

⑥ 枹（fú）：击鼓的杖。

⑦ 怼（duì）：怨恨。此句指战士杀尽，尸抛荒野，这样剧烈的战争，使上天都为他怨恨而震怒。

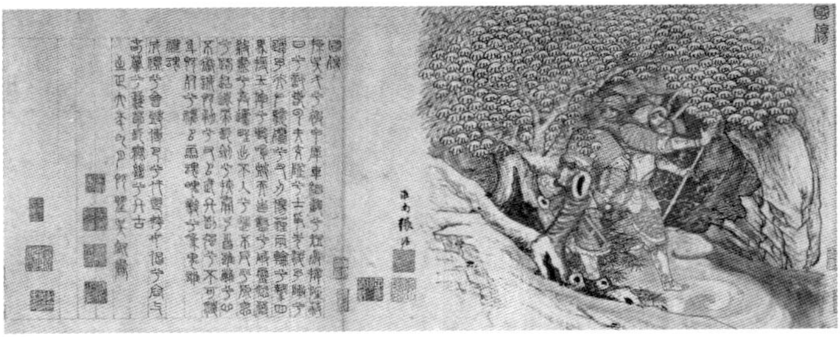

九歌图·国殇　元 张渥绘

出不入兮往不反，平原忽兮路超远[①]。带长剑兮挟秦弓，首虽离兮心不惩[②]。诚既勇兮又以武，终刚强兮不可凌。身既死兮神以灵，魂魄毅兮为鬼雄。

题解

本文选自《楚辞·九歌》，是战国时楚国祭祀为国捐躯的英雄的乐歌。《九歌》是屈原所作，共十一篇，祭祀东皇太一、云中君、湘君、湘夫人等神灵。本文前一部分生动描写了战场上的激烈战斗场景，后一部分则塑造出战士英勇刚毅、“死亦为鬼雄”的光辉形象，歌颂了他们的高尚志节。

---

① 此句指被杀的鬼魂因离家甚远，欲归不得。忽、超：遥远。
② 惩：悔。

屈子行吟图　明 陈洪绶绘

作者简介

屈原（约前340—前278），芈姓，屈氏，名平，字原，又字灵均，战国楚国诗人、政治家。曾任左徒、三闾大夫。提倡“美政”，主张对内举贤任能，修明法度，对外力主联齐抗秦。因遭排挤毁谤，被流放至沅、湘流域等。秦国攻破楚都城后，自沉于汨罗江。屈原是伟大的爱国诗人，他开创的楚辞体，以《离骚》为代表。《离骚》与《诗经》中的“国风”并称“风骚”，对后世诗歌具有深远影响。主要作品有《离骚》《九歌》《九章》《天问》等。

思考与练习

1. 作者寥寥数十句，将一场殊死恶战，状写得栩栩如生，极富感染力。请用自己的语言加以描述，写成一篇小短文。

2. 本文将动态描写和静态描写相结合，使战士虽首身分离，仍手握兵器，威风凛凛的形象跃然纸上。请在文中找出具体的语句，加以品析。

对比阅读

《梦招降诸城》（南宋·陆游）

《正气歌》（南宋·文天祥）

《国殇》（于右任）

贺戚总戎[1]平倭序

归有光

国家受天明命，奄[2]有万方，日月所出入之处，莫不宾贡，其浮海而来者，出于载籍之所未有。倭夷始虽狂狡[3]，卒未尝不愓息[4]扶服[5]而请献焉。顷岁乃敢陵斥州县，浸淫疽食，滨海之区，为其所伤残者，沿络万里。盖承平之久，禁网阔而武备弛也。

---

① 戚总戎：指戚继光。总戎即总兵官。戚继光（1528—1588），字元敬，号南塘，卒谥武毅。山东蓬莱人，祖籍安徽定远。明朝抗倭名将，杰出的军事家、书法家、诗人、民族英雄。在东南沿海抗击倭寇十余年，扫平了多年为虐沿海的倭患。

② 奄：覆盖。《诗经·大雅·皇矣》：“奄有四方。”

③ 狂狡：叛乱。

④ 愓息：恐惧。愓，害怕；息，喘息。

⑤ 扶服：同匍匐。趴伏于地，亦作“扶伏”。

天子当宁[①]太息者，十年于兹矣。畴咨[②]海内，妙选守境武略之臣。于是定远戚公，以世胄任驱驰，积功兵间，遂奉玺书，受专阃[③]之寄。先是两浙之氛稍息；而蜚集于闽海、莆阳之境，剽掠残毙，郡邑为之丘墟。去冬复来，攻围仙游，相守逾月，危城几不能保。公提兵振旅，呼吸之间，百万之众，一时崩藉，遂解重围。闽人惩往岁之害，人人惴恐，自以公再造之恩，欢呼鼓舞。而余贼奔溃温陵，公方追奔，期于歼荡而止。当是时，宜黄谭公[④]以中丞居提督之任，而南明汪公[⑤]为廉访使，运筹协赞之力为多，宜其成功之易也。余忝东南鄣候[⑥]之寄，捷书亟闻，私心庆幸，不得自已，是用驰使往贺。盖江淮闽浙，首尾之势，

① 当宁：指皇帝临朝听政。《礼记·曲礼下》："天子当宁而立。"门屏之间谓之宁。

② 畴咨：访求。《尚书·尧典》："畴咨若时登庸。"

③ 专阃（kǔn）：指将帅在外统军。

④ 谭公：谭纶（1520—1577），字子理，号二华，江西宜黄人，明代抗倭名将。

⑤ 汪公：汪道昆（1525—1593），字伯玉，号南溟，歙县（今属安徽黄山）人，明代戏曲家、抗倭名将。

⑥ 鄣（zhāng）候：用以观察、警戒敌情的城堡。

闽海宁息，则江淮亦无骚动。非独古者邻境相庆吊之礼也。

余昔尝见公谈兵，固已窥其胸中之奇。又自以虚庸，缪当重寄，惧不教之兵，不足以应敌，方求貙刘①之礼，寻古握奇②八阵③之法，数千里遣使，有咨于公。公时已调集浙兵，即命使者介马自随。夜二鼓，统兵三万，过新岭，寂然无声，黎明遂破贼巢，其神速，古之名将弗过也。使者归言其状如此。其号令精明，被羽先登，身当百死，皆所目见。噫！世谓当今无将，盖伏而未见也。天子神圣英武，诏书数下，饬励边帅，凡任疆圉④之责者，莫不人思效命；而有卓然如戚公者出焉。王灵所加，海宇清宴⑤，将书勋太常，

---

①貙（chū）刘：即貙膢（lóu）。《后汉书·礼仪志》有载，乃汉代立秋祭祀之礼仪。貙为虎属野兽名，膢为祭祀名。

②握奇：《握奇经》，兵书，旧题“风后撰”。《宋史·艺文志》始著录，乃后人伪托之作。宋以后颇为谈兵者所祖。

③八阵：八阵图，蜀汉诸葛亮推演兵法，作八阵图。

④疆圉（yǔ）：边境。

⑤海宇清宴：指疆域内太平安定。清宴，即河清海晏。黄河水清，大海波平，形容天下太平。

被河山带砺之盟。后之考论中兴元功者，非公其谁哉？是为序。

抗倭图卷（局部）　明 仇英绘

题　解

本文体裁为贺序，是归有光写给戚继光总兵荡平倭寇的贺文。作者先叙述了事件的背景，倭患的由来与危害，继而写出戚继光的伟大功绩，突出其兵法之奇，作战之勇。既有宏观概括，又有细节描写。文字典雅精到，格局恢弘大气。

作者简介

见第三单元《先妣事略》。

思考与练习

1. 写作贺序时，要做到恰当地描述、评价对方的功绩和成就。请细读本文，体会作者是如何做到这一点的。

2. 作者之所以能把抗倭战争的来龙去脉描写得十分清晰，是源于对时事的关注和把握，源于对国家的责任感。我们在日常生活中也应关心时事，独立思考，不断提高自己对时事的判断力。

对比阅读

《庆祝抗战最后胜利》(一九四五年九月五日《解放日报》社论)

《济南城上》（杨振声）

威海卫[①]熸[②]师记

罗惇曧

旅顺失后，威海卫孤危，陆海军将不和，互相诋。日兵由成山[③]龙须岛登岸，犯荣成、文登[④]。提督丁汝昌[⑤]虑南岸三台不守，炮资敌为军舰患，欲毁龙庙嘴炮台。陆军统将戴宗骞諆[⑥]之，电告北洋大臣李鸿章，诋汝昌通敌误国。鸿章严电责汝昌，不果毁。时日兵已逼南岸，鱼雷船管

---

① 威海卫：在今山东威海，三面负山，前临黄海，中日甲午海战前为北洋海军基地。

② 熸（jiān）：溃败，毁灭。

③ 成山：在山东荣成东北海滨，其角突出海中，称成山湾。

④ 荣成、文登：今皆属山东威海。

⑤ 丁汝昌：字禹廷，安徽人，时官海军提督，统北洋舰队。

⑥ 諆（qī）：欺骗。

带王登云言于汝昌，谓赵北嘴炮台若失，全卫不守，台炮巨利，若以资敌，害更大，请亟毁之。汝昌纳之，以属登云。登云乃选敢死队往，而日兵已踞后山，以台炮击赵北嘴台后，分兵袭沿岸三台，军舰猛击之，乃退。登云率雷艇三艘守近岸，备战，俄而鹿角台陷，日兵蔽山而下，登云方力战，其仆李奎元以身翼①登云，不令受弹，旋中弹仆而死。靖远悬旗令退，登云不从。敢死队方毁炮，而日兵逼之急，登云炮击日军稍退，而台方毁。不复能近岸，艇亟退，而巨石盘空下，当泊艇处，坠水激波，入空际，退稍缓，人艇并碎矣。登云避敌兵，绕岛北入口，谒汝昌，覆命，汝昌奖之。正月十五日南台陷，戴宗骞弃台走，汝昌恨极，亲追捕之，置诸刘公岛，痛责之。宗骞畏罪，仰药②死。

汝昌虽为统帅，而扼于闽人不用命③。汝昌

---

① 翼：遮护。

② 仰药：服毒药。

③ 扼于闽人不用命：意思是因闽人不服从命令而受阻。闽，福建简称。海军创建初首于福建马江设船厂、学校，内多闽人，以致有地域之见。

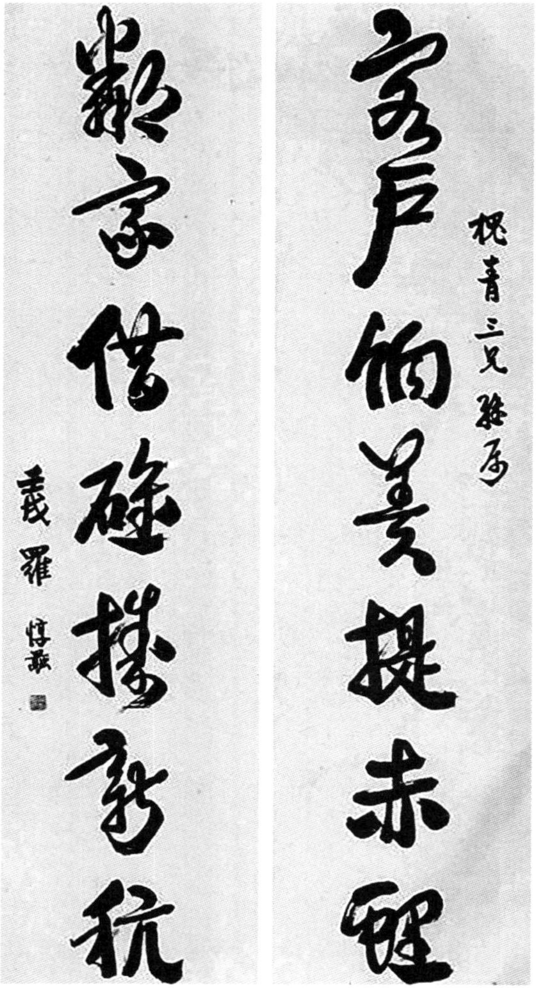

行书七言联 罗惇曧书

已怀死志，事浸急，闽人相向泣，有先期乞病离岛者。是夜大风雪，炮或冻裂，汝昌悉拘沿岸民船毁之，防资敌也。二月初八日，日军舰悉攻东口。南北岸已为敌据，军舰殊危，仍悉力守东口，日舰屡以深夜窃进。第三夜，日舰猛攻定远，受重伤，汝昌命驶东岸，俄沉焉，全军大震，军律尽弛，兵士皆昌言向统帅乞生路，汝昌佯不闻。既登岸，岛民跪求息战，汝昌拒之，自登靖远巡海口，而日军乘夜攻毁来远、威远二舰，余军益震恐。兵士环跽[①]岸左丐余生。官弁[②]哀请罢战，不可，则遥詈[③]汝昌，汝昌弗顾也。兵弁多思逃，汝昌命登云监之。

汝昌与护军统领张文宣，皆主人船同尽之议，登云主之尤力，而诸将无愿效死者。敌舰猛攻东北口，以五舰闯东口至鹿角嘴，诸舰纷逃，无还击者。福龙艇竖白旗乞降，蔡廷干被虏，诸舰无一免者，登云以雷艇奔烟台，日舰吉野追之急，

---

①跽（jì）：长跪。

②弁（biàn）：低级武官。

③詈（lì）：咒骂。

乃绕崆峒岛①、芝罘山②外，西驶夺滩毁艇而逃，敌炮遥轰之，登云欲自戕，余兵拽之奔岸，脱之海外。汝昌凭孤岛，士无斗心，仰药以殉，诸将生降，威海之师熸焉。

题 解

威海卫之战，即中日甲午战争中清军在山东半岛抗击日军侵犯威海卫的战役。威海卫之战是保卫北洋海军基地的防御战，也是北洋舰队对日本的最后一战。结果日本获得决定性胜利，北洋水师全军覆没。此战后，清军全线溃败，清廷乞降，于 1895 年 4 月 17 日签订《马关条约》，甲午战争结束。本文记叙了此战的细节，丁汝昌奋勇迎战，视死如归，拒不投降，表现出令人景仰的英雄气概。

作者简介

罗惇（dūn）曧（róng）（1872—1924），字掞东，号瘿庵，晚号瘿公，广东顺德人。曾任邮传部郎中。晚清名士，与梁鼎芬等并称“粤东四家”。能诗善书。其

---

① 崆（kōng）峒（tóng）岛：岛名，属山东烟台。

② 芝罘（fú）山：山名，属山东烟台。

诗抒悲郁苍凉情怀，传诵一时。有《瘿庵诗集》传世。创作大量京剧皮黄剧本，被誉为“剧曲之诸葛武侯”。

思考与练习

1. 文章第一段中主要写了失炮台的战斗过程，请结合文章内容，尝试在文章中加入丁汝昌和王登云的语言描写，突显人物的性格。

2. 丁汝昌困守刘公岛，在内无弹药，外无援军的情况下，仍率军与日军对抗，最后殉职。请谈谈你对他的看法。

对比阅读

《中日兵事始末》《大东沟之战》《旅顺之陷》（罗惇曧）

左宝贵死难记

林振镛

一八九四年——即清光绪二十年——七月九日，日本以大兵八万人犯平壤。

左公宝贵时率孤军三千人，扼平壤之西南隅，裂眦泣血，数昼夜未一合眼。左公之母夜召左公入室，抚其背曰："汝父世受国禄，死时汝才四龄。汝父谓我，此子当为国争光荣，毋惜其一死。今事且急，汝父之言犹在吾耳，今日之事不以死力守者，非吾子也！"左公泣曰："如老母何？"母怒曰："国且不保，何有于我！人孰无父母，苟人人惜其父母而弗死，安有国家？汝行矣，天地、祖宗必佑汝，我必乐观汝之成功。"左公无言，哭曰："今遵母命矣。"入别其妻，稚子绕膝哭。

左公乃慷慨拔剑起，谓其妻曰："我且尽忠，稚子未必可保，然且勿死，迨我死讯至，然后汝与诸子同投后园之井而死，毋听贼以指污汝辈身，继祖宗血食①自我而斩②，无恤也！"左夫人啮指出血，裂帛书"赤心保国"四字予左公，哭曰："天乎！吾夫且死，吾安聊生③！然国事败坏至此，安有儿女之情？君其行矣，誓毋相负！"于是相持哭。

少顷，左公跃马，遂驰骤出城外，贼八万人怒嗥如虎，坚甲锐兵，密如网布，左公誓师力战，所部皆义愤填膺，必戮贼而后快，无不以一当百，奋呼力战，左公誓于众曰："如尚余一兵一卒，一枪一弹，一弓一矢，必战至死，弗屈！"于是亘④一昼夜，炮声震天，贼争攀援上山，左公命士卒以大石击之，死者纷纷，贼不得逞。左

① 血食：指受享祭品，古时祭祀祖先，杀牲取血。

② 斩：断绝。

③ 聊生：赖以生存。

④ 亘：持续。

公检余兵仅二千人，半皆扶创[①]，左公亲调药饵，劳创卒，发军粮以饷百姓。左公之妻若子皆赤足涉水，烧饭以劳军，太夫人且扶杖出为助。众无不感奋，创卒皆狂呼裹创起，躄[②]而战。左公以二千人遍布要隘，析饷弹与之，戒之必死无屈，却退者非中华之男儿。

越三日，兵士又死其半，援绝，弹亦垂罄[③]。贼之来犹如潮涌，或执丈许之白旗，上书“招降”二字，飞扬示众。左公大怒，拔箭顾左右曰：“且观吾死此贼！”弦发，贼果应声仆，于是无敢执旗招降者。

再持一日，仅余数百人矣，左公身被三创，披发浴血，犹执刃督战，至是左公右臂已断，左目为弹伤失明，返顾所部，无一存矣，遂奋呼起杀数贼，走入，抱太夫人而哭曰：“儿今日尽忠矣，吾妻吾子已得死所，然何以处老母也？”太夫人怒曰：“此何时？汝尚作儿女泣！汝今之死，

---

① 扶创：受伤待扶持。

② 躄（bì）：跛行。

③ 垂罄：将尽。

可以报国家，可以慰父母，宜称快欢乐，何哭为？”拂袖入后堂。左夫人携四子与弟妹仆婢十余人先后投井，井为之满，最后投者不能即死，则以首触井栏，颅裂而亡。左公掬土掩井，急入后堂，则太夫人已缢堂上，犹有笑容。左公大哭而晕，及醒，已为贼兵所得。

贼将高坐堂皇①，絷②左公入，作鹭鸶笑，操华语曰：“汝以孤军抗我，杀我万人，亦可谓好汉子，其如中原无人似汝何？今汝已就我絷，吾惜汝勇，知汝必不降，然我不忍死汝，汝其行乎？”左公怒发矗立，嚼舌喷血唾贼之面，曰：“汝以为我何人？乃受汝怜！吾国以礼义立邦，宁汝夷狄所能及？国中忠勇之士有什百倍于我者，吾国民之众且视汝千倍而不止，一旦敌忾同仇，集而歼汝，区区三岛弹丸地，将齑粉矣！在昔我元太祖鞭笞四方，武功震詟③海内外，以迄于明、清，历代武功亦并世无两，尔勿遂谓我无人！”

---

① 堂皇：指官吏治事的公堂。

② 絷（zhí）：捆绑。

③ 詟（zhé）：使……惧怕。

贼渠[①]大怒，趣[②]众前，断左公之左臂，于是两臂皆尽，又去其舌，骂声含糊，再去其一目，问曰："汝今畏乎？"左公一跃而前，以足蹴贼。贼大惊曰："此人乃同厉鬼，趣[③]死之。"于是贼以巨刃剖公之腹，肠出乃死，然骂不绝口也，贼之稍具天良者皆堕泪。贼渠凶狞无似，亦颇有感，叹曰："好男儿，不可多得！"出井中之尸十七具，并葬之于园中，竖碑为志，下令勿杀诸难民，盖亦有感于其忠烈也。

题解

左宝贵（1837—1894），字冠亭，回族，费县（今山东平邑）人，清末著名民族英雄。同治间，由行伍积功至副将；光绪间，擢高州镇总兵。1894年7月，中日甲午战争爆发，日本侵略朝鲜，奉命率军援朝鲜，守平壤，敌以大军相压，统帅叶志超先遁，宝贵扼守城北山顶战死殉国。

---

① 渠：首领。

② 趣（qū）：通"趋"。奔向。

③ 趣（cù）：通"促"。赶快。

作者简介

林振镛，清末民初人，生平不详。著有《兵役制概论》《张煌言抗清十九年》等。

思考与练习

1. 左宝贵奋勇杀敌，身先士卒，以死殉国。文中有大量语言描写，请找出读一读，进一步感受他誓死效忠的决心。

2. 左公之母教子有方、深明大义。文中有两处左母“怒”，请结合文章谈谈两次“怒”的原因。

对比阅读

《狼牙山五壮士》（沈重）

《柏林之围》（［法］都德）

第六单元

巾帼英风　名传青史

阿爷无大儿，木兰无长兄，愿为市鞍马，从此替爷征。

——《木兰辞》

男儿岂是全都好，女子缘何分外差？未惜头颅新故国，甘将热血沃中华。

——赵一曼《滨江述怀》

本单元选了几篇纪念中华民族巾帼英雄的文章。几位主人公虽是传统观念中的弱质女流，却在家国大义面前表现出了无上的勇气和智慧。有的为民族大义奋起革命献出生命，有的替亡父带领人民抗击流寇守卫一方，有的身负国仇、孤身杀敌后慷慨赴死，有的带领同伴、以少胜多智取敌人。这些女性英杰为保家卫国，为民族大义将生死置之度外，表现出了令人钦佩的智慧与勇气。

返钏记

徐自华

丁未[1]夏至，予方居父忧[2]，在语溪[3]亲舍。忽璿卿[4]自杭州来，云："将返越举义[5]矣。顾饷绌[6]，

---

① 丁未：即清光绪三十三年（1907）。

② 居父忧：为父亲守孝。

③ 语溪：即语儿溪，因其地语儿乡而得名。

④ 璿（xuán）卿：秋瑾字，又字竞雄，别号鉴湖女侠，浙江山阴（今绍兴）人，嫁湘人王廷钧。1904年东渡，晤孙中山先生，入同盟会为会员。归国后，从事革命运动。1907年7月，安徽巡抚恩铭被山阴徐锡麟刺死，瑾与徐锡麟有约，谋划在浙江响应，事泄被捕，1907年7月15日凌晨就义于绍兴轩亭口，享年32岁。瑾能诗词，有遗集，为其女灿芝所辑。

⑤ 返越举义：秋瑾祖籍浙江绍兴，为古越地。举义，即起义，起而革命的意思。

⑥ 饷：费用。绌（chù）：不足。

将奈何？”予虽心以为危，然义不能阻其行；乃悉倾奁[①]中物纳之，曰：“持以赠卿，可乎？”君冁然[②]曰：“感姊厚贻，何以为报？”遽脱双翠钏[③]示予，曰：“事之成败未可知，此区区物，畀[④]姊纪念，何如？”予为悚然，顾弗得却，因相与涕泣，以“埋骨西泠[⑤]”旧约相嘱而别。

迨今思之，显显若前日事；而璿卿殉国，倏已二十周年矣。悲夫！

戊申以还，予既屡为营墓，建祠湖上[⑥]；又与秋社[⑦]同志创设竞雄女校于沪，以资纪念。黾勉劬[⑧]瘁，凡十六年。

而君之女公子[⑨]灿芝，学日有成，英挺明爽，

---

① 奁：指陪嫁的嫁妆。

② 冁（chǎn）然：笑的样子。

③ 翠钏（chuàn）：翡翠手镯。

④ 畀（bì）：给予。

⑤ 西泠：一名西陵，又名西林。杭州西湖桥名。

⑥ 湖上：谓西湖之上。

⑦ 陈去病《鉴湖女侠秋瑾传》：“会徐夫人方为君营墓湖上，余因建议创为秋社，一时与会诸子，咸赞同焉。”

⑧ 劬（qú）：辛劳。

⑨ 女公子：对他人女儿的尊称。

不啻秋侠当年；爰悉以女校事务相委，并举钏而授之，曰："此汝母物，亦汝王氏聘礼中物也，而予为之外府[①]。日月已迈[②]，今老且病，不完璧归赵，将欲奚为？子其宝之，见钏犹见汝母也！"灿芝曰："诺。"

因书其事以为《返钏记》。

中华民国十六年丁卯季夏，崇德徐自华忏慧书。

题　解

1906年初，浔溪女校聘请本文作者徐自华出任校长。秋瑾来浔溪女校执教，二人相识，情谊笃深。徐自华先后为秋瑾办刊、起义倾囊捐资，秋瑾回赠翡翠玉镯一对作留念。1913年，徐自华接办竞雄女校（此校为纪念秋瑾而办）。1927年7月，秋瑾的女儿王灿芝大学毕业，徐自华便把竞雄女校交给她接管，并将秋瑾当年所赠玉镯交还，勉励她继承母亲的遗志。并作《返钏记》记其事。

---

① 外府：指在外的仓库。予为之外府，意即我家做双钏的外府代为保存。

② 迈：时光流逝。

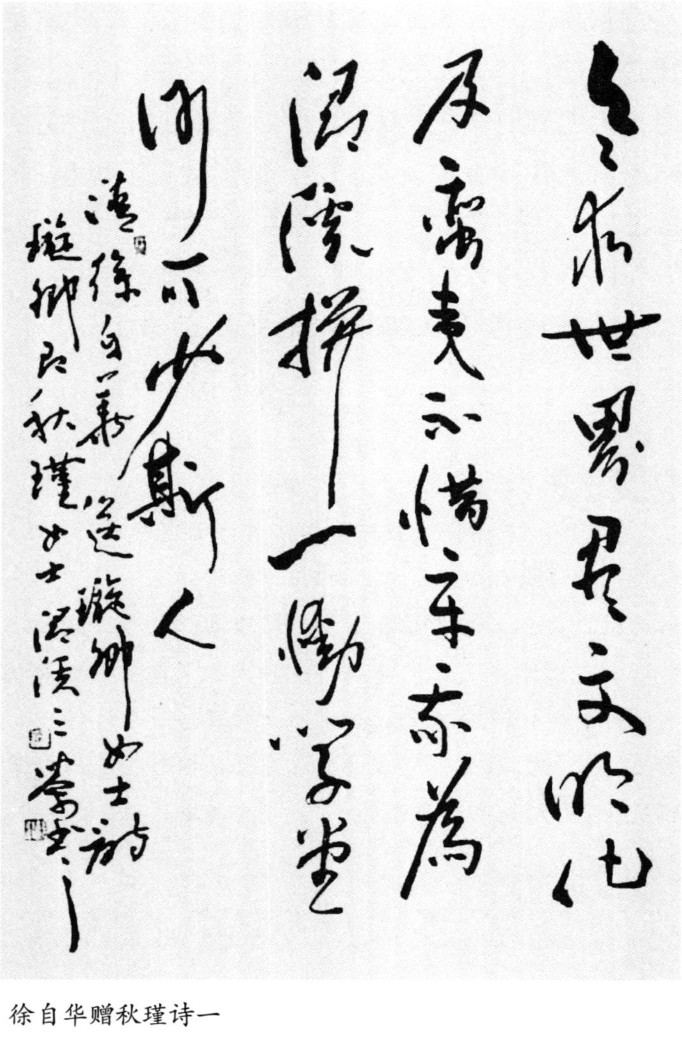

徐自华赠秋瑾诗一

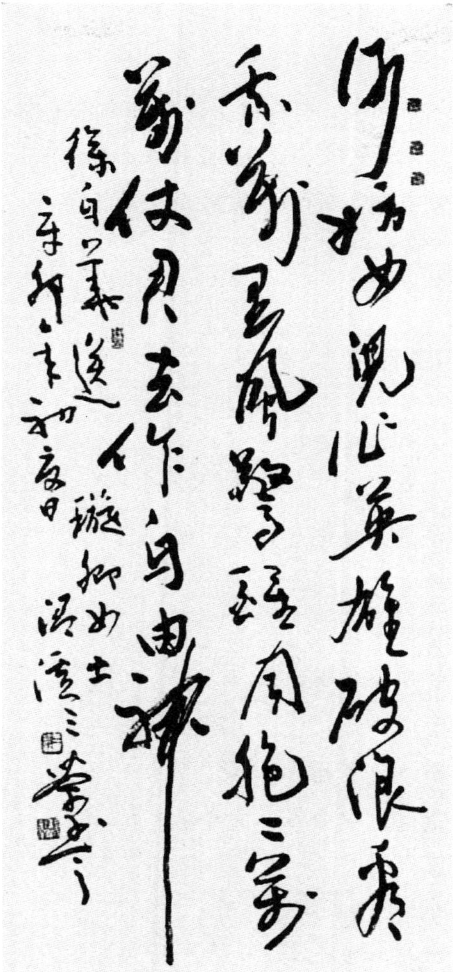

徐自华赠秋瑾诗二

作者简介

徐自华（1873—1935），字寄尘，号忏慧，浙江桐乡人，近代女诗人。南社成员，历任上海竞雄女校校长、秋社社长。与秋瑾友善。瑾因参与革命被杀，自华约桐城吴芝瑛女士将其敛葬于杭州西湖西泠桥畔。著有《忏慧词》《听竹楼诗稿》等。

思考与练习

1. 文白对译

方：正……的时候。

予方居父忧。

我正值为父亲服丧的时候。

畀：赠给。

畀姊纪念。

赠给姐姐作个纪念。

爰：于是。

爰悉以校事相委。

于是全把校中事务交给她。

迨：到。

迨今思之。

到现在回想起来。

倏：忽然。

倏已二十周年矣。

忽然已是二十周年了。

2. 文中徐自华为什么受钏？又因何返钏？试述其心理变化过程。

3. 王灿芝从留学到主持学校，一直受徐自华支持资助。请根据本文所记，体会其心情，模仿其口吻写一篇《受钏记》。

对比阅读

《记秋女士遗事》（吴芝瑛）

《秋瑾不朽》（夏衍）

沈云英

夏之蓉

云英者，沈将军至绪女也。将军守备道州[①]，张献忠[②]破武昌[③]，过洞庭[④]而西，势张甚；未几，攻围道州，将军战殁。云英年十七，告州人曰：“贼虽累胜，然皆乌合[⑤]，不足畏。吾女子，义不忍与贼俱生。吾为父死，诸公为乡里死，即[⑥]

① 守备：武职官名。这里用作动词，意即为道州守备。道州，今湖南道县。

② 张献忠：明末延安卫人，农民军领袖，割据四川，称大西王国，曾多次对平民进行大屠杀，后兵败死于清军。

③ 事在明崇祯十六年（1643）。

④ 洞庭：我国内陆五大淡水湖之一，在湖南北部。

⑤ 乌合：如乌鸦集合，比喻没有受过训练的人群。

⑥ 即：那么。

道州可完；孰与乞命狂贼之手，坐视妻若子为虏乎①？”众壮其意，皆曰：“诺！”

城门开，云英甲而驰②，一城人奋梃随之，直前击贼；贼骇乱，出不意，皆自相蹂藉③以奔；遂解道州围。获父尸，城中人皆缟素④，助云英成丧。时贼所过，城率不战下，而以死全道州城者，云英父子也。

郡守上功⑤，诏赠⑥至绪副总兵，加云英游击将军，坐父署，守道州。

云英，会稽⑦人也，距今百余年；道州人祠祀麻滩⑧，四时不绝。

---

① 孰与：何如。本句意为：保全道州与妻儿被虏比起来如何？

② 甲：原为军服，这里指穿军服。甲而驰，即穿上军服，骑马跑出去。

③ 蹂（róu）藉（jiè）：践踏。

④ 缟（gǎo）素：丧事时穿的白衣，这里意即穿白衣。

⑤ 上功：奏上沈氏的功劳。

⑥ 诏赠：古代帝王颁赐爵位给人，生者叫封，死者叫赠。

⑦ 会稽：今浙江绍兴古称。

⑧ 麻滩：地名，在道县北。

夏之蓉书法

题　解

本文节选自《沈云英传》，叙述明末流寇为患，沈云英捍卫地方的故事。沈云英（1624—1660），明朝女将，出身武职世家，工书法，通经史，文武兼备。随父征战，后因功敕封游击将军。父亲、丈夫相继战死后，云英扶柩回乡，办塾讲学。清军入关，她耐守清贫，抑郁而终。其保家卫国的传奇事迹广受赞崇，屈大均、毛奇龄等均为之作传。本文集中描写"解城围，夺父尸"的故事，彰显其忠孝的品格。

作者简介

夏之蓉（1697—1784），字芙裳，号醴谷，江苏高邮人。清雍正十一年（1733）进士，乾隆元年（1736）举博学鸿词科，授检讨，历任广东、湖南学政。方苞称其文可比清初侯方域、魏禧。著有《半舫斋诗文集》。

思考与练习

1. 文白对译

即：那么。

即道州可完。

那么道州就可以保全。

若：及，和。

坐视妻若子为虏乎？

坐看妻子和子女成为俘虏吗？

遂：就。

遂解道州围。

就解脱了对道州的围困。

率：大都。

城率不战下。

城大都是不用打就投降的。

距：离。

距今百余年。

距离现在一百多年。

2. 沈云英何以能捍卫地方？结合文章，说明沈云英如何解道州之围。

3. 史传评价沈云英“夺父尸以全其孝，拒臣清而葆其忠”。明清易代之际，忠孝节义内涵变得复杂，请结合当代价值观，评价沈云英的行为。

对比阅读

《乐府诗集·木兰辞》（北宋·郭茂倩）

《明史·秦良玉传》（清·张廷玉等）

秦良玉　清 叶衍兰绘

费宫人传

陆次云

费宫人，年十六，未详其何地人，德容庄丽。怀宗[①]语周后命侍公主，主绝怜之。

宫人见上忧流寇昌炽[②]，未尝不窃抱杞人忧[③]也。王承恩者，怀宗之近侍也，宫人私向之问寇警。承恩曰："若居深禁[④]，何用知此？"宫人曰："惟居深禁，不可不知而预为计也！"承恩奇之。

寇愈炽，怀宗忧愈深，宫人之问承恩者愈

---

① 怀宗：指明崇祯皇帝。

② 昌炽：猖獗。

③ 杞人忧：比喻过度忧虑。典出《列子·天瑞》的杞人忧虑天将崩塌的寓言。

④ 若：你。深禁：指宫中禁地。

数[1]。承恩曰：“若何不询诸他人，而惟予数数也？”宫人曰：“人皆泄泄[2]，孰是以君国为意者？吾见公忠诚，故相问耳。”承恩益奇之，曰：“若云‘预为计’，计安出？”宫人曰：“设不幸，计惟有死；要不可徒死耳！”承恩曰：“古人云：‘使生者死，死者复生，生者不食其言，可谓信矣。’[3]若能之乎？”宫人曰：“请验之异日！”

有魏宫人者，年差长于费，亦端丽，素与费善，闻其言，曰：“卿计甚难。吾不能为难者，当其时，惟一死以伸吾志耳。”承恩并奇之。

甲申[4]三月十九日，李自成破都城。王承恩走报帝，帝与后泣别；宫中之人皆环泣，后自缢；袁贵妃亦自缢。帝拔剑刃嫔妃数人；召公主至，曰：“尔年十五矣，何不幸生我家！”左袖掩面，右手挥刃，断左臂，未死，手栗而止；随与承恩

---

① 数（shuò）：屡次。

② 泄（yì）泄：怠慢的样子。

③ 出自《公羊传·僖公十一年》，略有异文。意思是两个人相约，假设一人死了，复活后另一个活人也没有失约才算是守信。

④ 甲申：指崇祯十七年（1644）。

至南宫，登万岁山[①]之寿皇亭自缢；帝居中而承恩右，承恩且从容拜命而相随于鼎湖[②]也。

时尚衣监[③]何新者，趋入宫见帝，不得；见公主仆地，他宫人悉散走，费宫人哭侍其侧；相与救之而苏。公主曰："父皇赐我死，我何敢偷生？且贼至必索宫眷，我终难匿也。"宫人曰："请以主服赐婢，婢当诳[④]贼以脱主；愿安所往乎？"何新曰："国丈第可也。"主授衣与婢，泣而与之别。新仓皇负主出。

李自成射承天门[⑤]，将入宫，魏宫人大呼曰："贼入大内，我辈必受辱；有志者早为计！"奋身跃入御河。须臾，从之死者盈三百；翠积脂凝[⑥]，河水为之不流，而香且数日也。

---

① 万岁山：也称煤山，在故宫神武门外。

② 传说黄帝在荆山下铸鼎，鼎成，黄帝乘龙飞升而去，人称其地为鼎湖。后人以鼎湖指代帝王死的地方。

③ 尚衣监：掌管皇帝衣履冠冕的宦官官署名。

④ 诳（kuáng）：欺骗。

⑤ 承天门：明朝的宫门名。

⑥ 翠：指宫人的首饰。脂：指宫人的脂粉。这里用作宫人的替代词。翠积脂凝，意即投河的宫人叠了一大堆。

费宫人目送其死而还，服主服，匿眢井[①]中。贼钩而出，见李自成，曰："我长公主也，若不得无礼！"自成见其丰艳，心欲纳之；而每升御座，辄神摇目眩，见白衣人长数丈者在前立，又恍如帝之辟易[②]于其左右也，心畏之而不敢，以赐其爱将罗姓者。罗于闯冲陷攻取，居首功，故自成赐之以酬勋。罗甚喜。宫人曰："闯命，吾不敢违矣！然我，帝子也。尔能设祭祭先帝，而祔从难[③]太监王承恩于其侧，从容尽礼，则从子矣。"罗更喜甚，从其请。宫人泣拜先帝毕，并拜承恩，曰："王公！王公！尔能死而复生以验吾言乎？吾将践[④]平生言矣！"

诸贼大张乐为罗贺，罗痛饮大醉。入内，宫人亦具酒，为同牢卺酌[⑤]，又以大觥饮罗。罗曰：

---

① 眢（yuān）井：枯井。

② 辟易：躲避。

③ 祔（fù）：附祭。从难：谓随从他人，遇变故而死。这里指跟从皇帝死于国难。

④ 践：实行。

⑤ 同牢卺（jǐn）酌：婚礼上新夫妇共食一牲，各持一瓢斟酒饮的仪式。牢：牲口。卺：婚礼上的一种瓢。

“吾得子，欲草一疏谢闯王，而愧无人。”宫人曰：“是何难！我能之。君盍[①]寝，俟我撰就语君也。”罗愈喜，陶然就卧，齁[②]如雷。

宫人屏去[③]侍女，挑灯独坐。闻中外之籁俱静，于是以纤指挟匕首，睨罗贼之喉力刺之。罗颈裂，负痛跃起，屡仆屡跃而始僵。贼众惊闻，排闼[④]救之，已无及。时华烛尚明，众见宫人盛妆端坐而无语。审视之，则已刭[⑤]粉项而悠然逝矣。闻于自成，自成骇叹而礼葬之。遂以为公主已死而不复索。

题　解

本文选自清郑澍若编《虞初续志》。作者陆次云将费宫人放在明朝灭亡的背景下来着色，放在李自成攻破京师占领皇宫的特殊时刻来描写，表现了她有勇有谋、沉着冷静、诚实守信、忠心报国的品质。

---

① 盍：何不。
② 齁（hōu）：鼻息。
③ 屏去：散去。
④ 闼（tà）：小门。
⑤ 刭（jǐng）：割颈。

作者简介

陆次云，字云士，号北墅，钱塘（今浙江杭州）人。清康熙二十四年（1685）任江阴知县，有惠政。工诗文，著有《湖壖杂记》《北墅绪言》《澄江集》《八纮译史》等。

思考与练习

1. 文白对译

若：你。

若居深禁。

你住在深宫里。

惟：由于。

惟居深禁。

由于住在深宫里。

惟：只有。

惟一死以伸吾志耳。

只有一死来表明我的志气。

安：何。

顾安所往乎？

但是该往何处去呢？

与：给。

主授衣与婢。

公主把衣服交给婢女。

与：和。

泣而与之别。

哭着和她分别。

2. 费宫人与魏宫人有什么共同点和不同点？

3. 本文描写费、魏两宫人和王承恩这些人物，主要目的是什么？

4. 明末清初出现了不少散传，描写小人物在历史大变局中的表现。试举你所读过的散传作品为例，谈谈对这一文学现象的看法。

对比阅读

《后汉书·列女传·庞淯母》（南朝宋·范晔）

《女杰施剑翘》（郑逸梅）

宫女图
宋 刘松年绘

记冯婉贞事

陆士谔

前清咸丰庚申[1]之岁，英法联军自海入侵，京邑骚然。[2]

距圆明园十里，有村曰谢庄，环村居者均猎户。有冯三保者，鲁人，素精技击[3]，侨[4]此已再世。冯有女曰婉贞，年十九，姿容妙曼，而自幼

---

① 庚申：指咸丰十年（1860）。

② 咸丰六年（1856），广东官吏至英船亚罗号搜捕奸商，并拔去英旗，同时广西发生法国传教士遇害的事件，两国遂于次年组结联军，攻陷广州，掳去两广总督叶名琛；更由海道北上，进逼天津。清廷惧，与英法讲和，约成而中变。英法联军因于咸丰九年攻陷天津，入北京，烧圆明园。由俄国公使出任调停，与英法订《北京条约》议和。

③ 技击：搏斗的武艺。

④ 侨：旅居外乡。

好武术。冯之技，女无不习，习无不精。

是年谢庄办团，众推三保为长。一日敌骑至，三保率团众力却之，阖庄额手称庆[①]，三保亦自喜。婉贞独戚然，曰："小敌去，大敌来矣。设彼以炮至，吾村不齑[②]粉乎？愿父老留意！"三保瞿然[③]问计。婉贞曰："吾闻西人长火器而短技击。火器利袭远，技击利巷战。以吾所长，攻敌所短，侥天之幸，或能免乎？"三保以为难，却其言不用。

婉贞退而叹曰："嗟乎！吾村亡无日矣！吾必尽吾力以拯吾村、卫吾父！"于是集谢庄少年之精技击者而诏之，曰："诸君亦知吾村之危如累卵，吾侪之生命如朝露乎？与其坐而待亡，孰若起而拯之？吾将万死不顾，以求一当[④]。诸君如有意，请瞻予马首[⑤]！"众咸感奋，诺声如雷。

---

① 额手称庆：以手加额，互相庆幸。

② 齑（jī）：细，碎。

③ 瞿然：惊恐的样子。

④ 当：抵抗。

⑤ 瞻予马首：进退都听从我的指挥。

婉贞喜曰："得诸君如此，吾村免矣！"于是率诸少年，皆玄衣白刃，剽疾如猿猴。去村四里有森林，阴翳蔽日，伏焉。

未几，西兵舁[①]炮至，婉贞挟刃奋起，率众袭之。西兵出不意，大惊扰。婉贞挥刀奋斫，纵横跳荡，当之者无不披靡。西兵退，婉贞率众急逐之，纷拏[②]格斗，西兵之炮终不得发。日暮，所击杀无虑[③]百人，西将知不敌，弃炮仓皇遁，而谢庄遂安。

题　解

本文节选自清末徐珂辑《清稗类钞》，记述了冯婉贞却敌保家的故事，赞美了她的勇敢和智慧。原题《冯婉贞》，为陆士谔创作的武侠小说，后误作史实流传。本文虽为虚构，但塑造的形象栩栩如生，激励了国人的爱国热忱。

---

① 舁（yú）：抬。

② 纷拏（ná）：混战。

③ 无虑：大约，不少于。

作者简介

陆士谔（1878—1944），名守先，字云翔，号士谔，江苏青浦（今属上海）人。医生，创作《新上海》等小说百余部。

编者徐珂（1869—1928），原名昌，字仲可，浙江杭县（今杭州）人。光绪年间举人，南社成员，曾任商务印书馆以及《外交报》《东方杂志》的编辑。编有《清稗类钞》《历代白话诗选》《古今词选集评》等。

思考与练习

1. 文白对译

均：都。

环村居者均猎户。

围居在村子里的都是猎户。

素：向来

素精技击。

向来精通武术。

却：打退。

三保率众力却之。

三保带领众人竭力打退了他们。

却：拒绝。

却其言不用。

拒绝她的意见不采用。

所：被。

所击杀无虑百人。

被杀死的不下百人。

2. 为什么冯婉贞等人能以少胜多，击退强敌？

3. 你认为冯婉贞的哪些品质值得钦佩？

对比阅读

《就英法联军远征中国给巴勒特上尉的信》（［法］雨果）

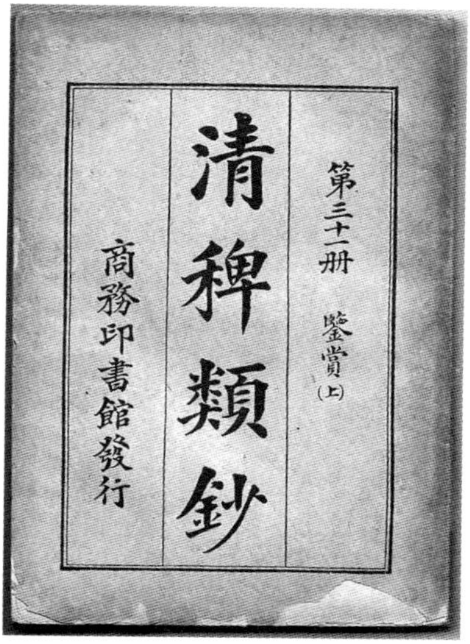

《清稗类钞》书影

后　记

文言文校订是专业性较强的工作，考虑到本书的读者对象为中学生，我们校订的体例是，以教科书原文为底本，改竖排繁体为横排简体，参照中华基本古籍库、中华经典古籍库等订正了白文中的错讹，对原文中有删节或者改动的部分，参考中华经典古籍库适当补充，改反切、注音字母注音为汉语拼音注音。不出校勘记。针对生僻字词，适当增加注点，力戒烦琐，留给学生自学自查的空间。依据《通用规范汉字表》规范了字形，依据拼音使用规范和标点符号使用规范订正了注音和标点。按照当前行政区划，校订了古今地名。

为了增加这套丛书的知识性和趣味性，我们在编辑过程中，精选了作者字画、作者像、书影，以及与选文内容相关的历代书画精品，作为插图，尽量丰富这套书的传统文化内涵。

为中学生编写传承中华优秀传统文化的经典古文读本，是一件严肃而艰巨的任务，限于编者水平，舛误难免，恳请广大读者批评指正，提出宝贵意见，以便修订时采纳，让本书更加完善。

图书在版编目(CIP)数据

中学经典古文课.家国情怀卷/赵新华,郑国民主编.—北京:商务印书馆,2018

ISBN 978-7-100-15655-4

Ⅰ.①中… Ⅱ.①赵…②郑… Ⅲ.①文言文—中学—教学参考资料 Ⅳ.①G634.303

中国版本图书馆CIP数据核字(2017)第305068号

中学经典古文课

家国情怀卷

赵新华 郑国民 主编

商 务 印 书 馆 出 版

(北京王府井大街36号 邮政编码100710)

商 务 印 书 馆 发 行

北京市十月印刷有限公司印刷

ISBN 978-7-100-15655-4

2018年3月第1版 开本 787×1092 1/32

2018年3月北京第1次印刷 印张 5⅝

定价:18.00元